下関崇子

タイのおいしいハーブ炒め

ガパオ

はじめに

ガパオはタイの屋台や食堂で超定番の料理です。日本でもガパオと聞くと、多くの人が鶏ひき肉炒めと目玉焼きのビジュアルをパッと頭に浮かべるくらい有名な人気料理になりました。

しかし「ガパオ＝ハーブの名前」と知らない人も、まだまだいるようで、「ガパオは、ガパオというバジルの一種であるハーブで炒めた料理だからガパオと言うんだよ」と話すと、「知らなかった！」と驚かれることも。実際にカフェなどで提供されるガパオや、タイ料理専門ではないレシピ本やレシピサイトなどに掲載されたガパオには、ガパオの葉が入っていないことも少なくありません。

フレッシュなガパオの葉を手に取ったことのある方はご存じだと思いますが、同じバジルの仲間であるイタリアンバジルの華やかな香りとは、明らかに違います。ガパオの葉に感じるのは、アーシーな（大地を思わせる土のような）香りと、ほのかな苦味。それを炒めものに加えると、野性味ある魅力的な風味が生まれます。ガツンと唐辛子とニンニクをきかせれば、熱帯気候にもぴったりのパンチの効いた一皿に。灼熱の太陽の下、眩しさを感じながら、お腹を満たすために屋台や食堂にふらりと入り、スプーンとフォークでササッと食べる、まさにアジアの雑多なストリートフードにふさわしい味わいです。

そもそも、私がガパオにこだわるようになったのは、鶏ひき肉でそぼろのようなポロポロのガパオをつくり、タイ人の夫に「これはガパオではない」と言われたのがきっかけでした。

ガパオとは、何なのか？
そこからガパオ探究の旅が始まったのです。

日本では、鶏肉や豚肉のガパオが一般的ですが、タイでは魚介類のガパオもよく食べられており、最近ではガパオ専門店もでき、さまざまなアレンジガパオが登場しています。さらには、例えばタイの料理系ユーチューバーが冷凍餃子をガパオにしたりと、斬新なガパオも数多く登場しています。そこで、そんなガパオ50種類以上を掲載したZINE『自由なタイ料理ガパオ』を、2022年に発行。その後もガパオ探究は続き、合計130種類のガパオを紹介する本書が、ここに誕生しました。

この本では、「ガパオ黄金比」でガパオの基本となるつくりかたを解説したうえで、「無限ガパオ」として昔からある定番ガパオ、最近見かけるようになったガパオ、流行や話題になったガパオ、外国で独自進化したガパオ、これらにヒントを得て私自身が創作したガパオなどを紹介しています。そして巻末の「ガパオロジー」では、ガパオの歴史や、タイでの位置づけ、これからのガパオなどについて考察しました。

スタート地点である「ガパオ＝ガパオの葉で炒めた料理」から、「ガパオ」は不思議な進化を遂げつつあり、もはや「ガパオ」は概念であると言うこともできそうです。その面白さを、みなさんと共有できれば、これ以上うれしいことはありません。

ぜひ、タイ人も、日本人もみなが愛するガパオの世界を楽しんでください。

下関崇子

目次

【撮影】衛藤キヨコ：カバー、本文 p001-002、006-007、014 のガパオの葉、143　　　下関崇子：左記以外すべて

どんな料理なのか基本を知ろう

ガパオ大図解

エビと豚ひき肉のガパオ 目玉焼きのせ

ข้าว กะเพรา กุ้ง หมูสับ ไข่ดาว

カーオ・ガパオ・クン・ムーサップ・カイダーオ

ごはん ガパオ エビ 豚ひき肉 目玉焼き

タイ語で「ガパオ炒め」は「パット・ガパオ」（ผัดกะเพรา）だが、日本語と同じく口語的には「ガパオ」だけで「ガパオ炒め」の意味として通じる。注文するときは「ガパオ・ガイ」（鶏肉のガパオ）や「ガパオ・ムー」（豚肉のガパオ）などメイン食材の名前をつける。

本書では、基本的に「ガパオ」をガパオ炒めの意味で使っており、ハーブのガパオを表すときは「ガパオの葉」と記している。

ガパオ炒め

ニンニクと唐辛子でメイン食材を炒め、ナンプラーやオイスターソースなどの調味料で味つけし、ガパオの葉を混ぜます。メイン食材は何でもあり。写真はエビと豚ひき肉。

目玉焼き

目玉焼きはタイ語でカイダーオ。日本ではガパオに目玉焼きは必須ですが、タイではオプションあつかい。目玉焼きをつけたいときは「サイカイダーオ」（目玉焼きつき）とリクエスト。

写真のようにレトロなホーローなど、タイ語で「タート」と呼ばれるトレイにバナナの葉をしいて提供するスタイルも、カフェやレストランで人気の盛りつけ方法。p103 も参照。

ご飯

ガパオをご飯にかけるスタイルは、タイ語で「ラートカーオ」と呼ばれています。

プリックナンプラー

唐辛子を漬けたナンプラー。ガパオに添えて、味の調整に。

つけ合わせ

キュウリやトマトがガパオのつけ合わせとして添えられることも。

ガパオの葉

緑色のハーブが、料理名でもあるガパオの葉。

スプーンとフォーク

ガパオを含め、タイ料理はスプーンとフォークを使っていただきます。

ガパオ黄金比

味つけに正解はないけれど…

つくる人によって、ガパオの味つけはさまざま。「これが正解！」という
ものはありません。例えば、肉野菜炒めをつくるときにレシピ本を見て、
肉50g、にんじん20gのように、わざわざ計らないと思います。タイ
の人にとってのガパオも同じ。肉野菜炒めをつくるとき、醤油を直接フ
ライパンにまわし入れるように、ガパオも調味料の瓶を逆さにして振っ
て入れて、ちょっと出過ぎちゃってもマイペンライ（気にしない）！

黄金比で「アバウト感」を身につける

とはいえ、つくり慣れないと「適量」の加減がわからないものです。
そこで、すべてのガパオレシピの基本となる「ガパオ黄金比」をご紹
介しましょう。覚えやすいシンプルな配合なので、これを基準として、
お好みで調味料を増減してください。また、p019からの「無限ガパ
オ」には黄金比以外でつくったガパオも掲載しています。その場合は、
調味料の分量を明記しているので参考にしてください。

最初は、食材や調味料を計らないと不安かもしれませんが、慣れて
くると肉野菜炒めをつくるようなアバウト感覚が身についてきます。
ぜひ気楽にガパオをつくって、どんどん食卓に登場させてください。

Golden ratio

メイン食材	塩分系調味料	コク色味系調味料	砂糖
100g :	小さじ**1** :	小さじ**1** :	小さじ**1/2**

唐辛子	ニンニク	油	ガパオの葉
: **1**本 :	**1**片 :	大さじ**1** :	**10**枚以上

メイン食材について

鶏肉、豚肉、牛肉、エビ、イカ……など、何でもOK です。肉＋魚介類、加工品＋野菜など、複数の食材の組み合わせもアリ。

塩分系調味料とコク色味系調味料について

◎塩分系調味料＝ナンプラー、または醤油。
◎コク色味系調味料＝オイスターソース、シーズニングソース、シーイウダム（タイの黒醤油）など。

コク色味系調味料については、オイスターソースを含んでトータル小さじ1になるように入れます。最近、コク色味系調味料は、オイスターソースのみを入れるレシピが多いです。シーズニングソースとシーイウダム（黒醤油）を入れる場合は、オイスターソース＞シーズニングソース＞シーイウダムの割合がおすすめ。

コク色味系調味料を省略し、調味料をすべて塩分系にしてもOKです。タイの古いレシピではオイスターソース抜きが多く、よりスッキリとした味になります。例えば、ナンプラー（or 醤油）を小さじ2にする。あるいは、ナンプラー小さじ1＋醤油小さじ1にするなど。

砂糖について

日本では砂糖を抜きにする人が多いですが、タイ料理は辛さ（唐辛子）に比例して甘さ（砂糖）を加えたりします。砂糖はお肉がやわらかくなる効果もあるので、少量でも加えるのがおすすめです。

唐辛子について

唐辛子の配分は日本人がピリ辛に感じる辛さにしています。辛いのが苦手な人は1/2本に。辛いのが好きな人は本数を増やすか、プリックナンプラー（p017）で追い唐辛子を。

ニンニクについて

これから人と会うといったときは別ですが、ニンニクはガツンと効かせたほうがおいしいです。最低1人1片がおすすめ。

油について

タイでも日本と同様ヘルシー志向で、料理に使う油の分量も減ってきましたが、まだまだしっかり油を使います。油分もおいしさのひとつなので、大さじ1は多いと思うかもしれませんが、恐れず入れるようにしましょう。

ガパオの葉について

ガパオ＝バジル炒めなので、ガパオの葉は必須です。お飾り程度に数枚入れるのではなく、1人分に10枚以上は入れたいところ。ひき肉のガパオなどには野菜を入れず、代わりにガパオの葉をたっぷりと加えるのが最近のタイのトレンドで、ババッとフライパンの食材が半分隠れるぐらい入れます。

※調味料などの知識については p112 ～をご覧ください。

ガパオ黄金比でつくる

鶏ひき肉の
ガパオ

基本的に何でもアリのガパオですが、日本で一番メジャーなのは「鶏ひき肉のガパオ」。タイでも定番ガパオのひとつです。鶏ひき肉をそぼろのようにポロポロに炒めるのではなく、固まった部分とポロポロの部分が混ざる感じでつくると、お肉の存在感があっておいしい！　もちろん鶏のかたまり肉を包丁で小さく切ったり、ミンチ状に叩いてもOKです。

ガパオの基本となる黄金比を覚えておくと、メイン食材を変えたり、味つけを自分好みに修正したり、つくる分量を増減させたり、自由自在にガパオを操ることができます！

つくりかた

【材料】（1人分）

鶏ひき肉（メイン食材）……100 g

唐辛子……………………1 本

ニンニク ………………1 片

ナンプラー（or 醤油）………小さじ 1

オイスターソース ………小さじ 1

砂糖………………………小さじ 1/2

水…………………………小さじ 1 程度（適宜）

ガパオの葉 ………………10 〜 15 枚

油…………………………大さじ 1

ここでは、すでにミンチ状で売られている
鶏肉でのつくりかたを紹介していますが、
かたまりの鶏肉を小さめの一口大に切り
分けたり、自分で包丁で叩いて粗いひき
肉にしても、また違ったおいしさです。

ガパオの基本は **3** ステップ

1. フライパンに油をひいて、ニンニクと唐辛子を炒める。

2. 香りが出たらメイン食材（肉、魚など）を加え、調味料を入れて炒める。

3. 火が通ったら、ガパオの葉を加えて混ぜる。

1 唐辛子とニンニクは石臼でつぶす。包丁で均一にみじん切りにするのではなく、不均一につぶすのが昔ながらのスタイル。石臼について、また石臼がない場合についてはp014を参照。

2 フライパンに油をひいて、唐辛子とニンニクを炒める。

3 鶏ひき肉は、最初に手で軽くひとまとめにしてからフライパンに入れる。

4 鶏そぼろのようにポロポロに炒めるのではなく、かたまりが残るようにするため、まずフライパンに押しつけるようにして焼きかためる。

5 表面が焼きかたまったら、へらなどで切り分けながら炒める。

6 6〜7割火が通ったら、オイスターソース、ナンプラー、砂糖を加えて、汁気を具にからめ合わせながら炒める。

7 汁気が少ない場合は水小さじ1程度を加える。唐辛子とニンニクをつぶした石臼に少し水を入れ、すすいだ水を加えてもよい。

8 火を止め、ガパオの葉を加えて余熱で混ぜ合わせる。葉の緑色やフレッシュさを楽しむなら、以降は加熱しない。とはいえ、ある程度ガパオの葉を炒めたほうがおいしいという意見もあったりする。

9 器に盛り、お好みで目玉焼きやプリックナンプラー（p017参照）を添える。できあがりのひき肉のかたまり具合は好みによるが、まずは上の写真を目安に。

ガパオが劇的に
おいしくなる**3**か条

1 ガパオの葉を入手する

イタリアンバジルや、青じそで代用するのも悪くありませんが、ぜひガパオの葉を使って、本物のガパオの風味を楽しみましょう。タイ食材店の店頭やネット通販サイトに在庫があれば、フレッシュな葉、または冷凍したものが購入できます。夏なら、スーパーでガパオの葉が購入できる場合も。最近は「農家さんの産直コーナー」などでもガパオの葉を見かけることがあります。

2 プリックチンダーを入手する

鷹の爪などでも代用できますが、ぜひプリックチンダー（赤唐辛子）を入手してみてください。タイ食材店で生のプリックチンダーを冷凍した

ものが販売されています。鷹の爪とは全然、辛さの感覚が違います。冷凍庫に常備しておくのがおすすめ。

3 石臼を入手する

最近は、本場のタイでもニンニクや唐辛子を包丁で刻んだり、フードプロセッサーで細かくすることがありますが、ニンニクの香りや、目でも感じる唐辛子の辛さ、コンコンという音でも気分が盛り上がる石臼がおすすめです。つぶすことで香りが出るのと、辛くしたいときは唐辛子を細かくつぶし、辛さ控えめにしたい場合

はつぶしかたを控えめに、など調整もできます。唐辛子は種ごとつぶして使います。日本のすり鉢とすりこぎで代用する人もいますので、試してみてもいいかもしれません。写真は我が家の石臼です。大きいものはタイの石臼（クロックヒン）。小さいものは IKEA で購入したものです。

! 石臼がなくても、ラップと瓶でつぶせる！

冷凍の唐辛子とにんにくをラップで包みます（唐辛子は凍っているほうがつぶれやすい）。まな板の上に置き、丈夫な瓶の底で軽くつぶします。まな板が凹まないように力を加減してください。

ガパオ黄金比を
アレンジする

ガパオ黄金比にもとづく基本のガパオのつくりかたに慣れてきたら、ぜひ、メイン食材や調味料の配分を変えて、さまざまなガパオを楽しんでみてください。p019 からの「無限ガパオ」で紹介する多数のガパオつくるさいにも、必要となる調理テクニックです。

アレンジのコツ❶

メイン食材は 1 パック、1 個など、キリのよい数字でつくってOK。調味料もメイン食材の重さに比例して 0.5 倍、1.5 倍など、増減させてください。ただし 2 倍以上の場合、調味料も比例して増やすと濃すぎる場合があるので、やや少なめを心がけます。

アレンジのコツ❷

ベーコンのような加工品をメイン食材とする場合、すでに食材そのものに塩味がついていたり、味が濃い場合もありますので、その場合は調味料を控えめにしましょう。メイン食材の他に、野菜や麺を入れる場合などは、具の全体の分量に応じて調味料も多めにします。

アレンジのコツ❸

p037 のイカチチなど加熱に時間がかかるメイン食材は、油をひいたフライパンで一番最初に炒めます。あらかた火が通ったら、写真のように少し傾けたフライパンの端で唐辛子、ニンニク、調味料のガパオベースをつくり、両方を炒め合わせてからガパオの葉を混ぜます。

アレンジのコツ❹

p029 の軟骨唐揚げなど、すでに火が通っているメイン食材の場合、フライパンで唐辛子&ニンニクを炒め、調味料と水を加えた、写真のようなガパオのベースをつくってから、そこにメイン食材をからめ、最後にガパオの葉を加えます。

アレンジのコツ❺

基本的にひき肉のガパオの場合、肉の食感を楽しむため、かたまりを残す炒めかた（p013）や、かたまり肉から包丁で叩くのがおすすめです。ただし、そぼろの要領でひき肉をすべてポロポロにほぐすような炒めかたをした「ガパオそぼろ」も、卵豆腐のガパオ（p064）やスパゲティ・ガパオ（p071）など、他のガパオ・レシピのパーツとして利用価値大。汎用性の高い「つくおき」になります。

さらにガパオを
おいしく食べる秘訣

タイ米の炊きかた

パラパラで香り高いタイ米は、ガパオと相性抜群。
炊飯器で簡単に炊くことができます。タイ米は水加減が
少ない印象ですが、ジャスミンライスはやわらかい（ふわ
ふわな）ほうが好まれ、パッケージ表示では、米1カップに対し
て水1.2〜1.3カップと記載している場合もあります。基本は日本米
と同じ1：1.2とし、自分の好みのかたさに調節するとよいでしょう。

現在、伝統的な「湯取り方」で炊くタイの人は、ご飯を土鍋で炊く日本人と同じくらい少数派のようですが、
「湯取り法」で、ゆでこぼしたほうが絶対おいしいとゆずらない根強いファンもいます。

日本の圧力炊飯器は、日本米に合わせてモチモチ（悪い言いかたをすれば重たい感じ）に仕上がる傾向
があるので、タイ料理らしいパラふわのご飯が好みの人は、湯取り方法を試してみてください。

❶炊飯器使用の場合

日本米のように浸漬する必要はありません。米粒が
細長いので割れないように優しく1〜2回すすぎ、
すぐに炊飯器にセットしてスイッチオン。水加減は日
本米と同じでOKです。炊くのに慣れたら、お好み
で水加減を増減してください。

❷湯取り方の場合

鍋に多めの湯をわかし、タイ米を入れ、ときどきや
さしく鍋底から混ぜながら、フツフツとした中火で
約10分間ゆでます。アルデンテ状態に火がとおっ
たら、米をザルにあけ、湯をきってから鍋に戻しま
す。弱火で軽く水分を飛ばし、湯気が出たらフタを
して火をとめ、10分間蒸らします。1度やってみて、
湯取り法のコツをつかんだら、好みの仕上がりにな
るよう、ゆでる時間を調節してみてください。

目玉焼きの焼きかた

タイの場合、たっぷりの油に卵を割り入れ、上からも熱々の油をまわしかけながら、全体を揚げ焼きにするスタイルが目立ちます。最近は、白身と黄身を分けて、白身はしっかり揚げ焼きにしつつ、黄身はトロトロの半熟をキープする裏ワザも人気。あらかじめ白身と黄身を器に分けておき、白身は多めの油に流し入れ、火が通ってきたら、白身の中央に黄身を戻し入れて半熟まで火を通します。

プリックナンプラーを添える

ガパオの味調整に好みでかけながらいただく卓上調味料、プリックナンプラー。つくりかたは、ナンプラー（適量）に刻んだ唐辛子を加えれば OK。写真では色合いをよくするために緑の唐辛子と半々にしています。プリックチンダーではなくプリッキーヌでつくったり、にんにくやホームデーン（紫たまねぎ）のスライスを加えたり、しぼったライムを加えることもあります。冷蔵庫で保存可能。

素揚げガパオのつくりかた

ガパオに、さらに素揚げにしたパリパリのガパオの葉をトッピングするスタイルがあります（「無限ガパオ」のコーナー参照）。フライパンに 1cm 程度の油を中火で熱し、ガパオの葉を揚げます。すぐ火が通るので、表面がパリッとしてきたら油から上げます。

ナンプラースープ

ガパオにマストではありませんが、おまけとしてつけてもよい簡単スープをご紹介します。水 100ml をわかし、ナンプラー小さじ 1 を入れる。器にそそぎ、小ねぎの小口切りとホワイトペッパーをふります。

！タイ式スプーン&フォークの使いかた

タイでは右手にスプーン、左手にフォークが基本。スプーンは鉛筆を使うときのように持ち、フォークでスプーンに食べ物をのせます。食器は手に持ちません。ガパオなど単品ご飯はスプーンだけで食べることもありますが、フォークがあるとスプーンで目玉焼きを切るときの補助になったり、具をスプーンにのせやすくなるので便利です。

レシピの表記について

- 「ガパオ黄金比でつくる」とあるものは、p008 〜を参考にしてください。
- 「小 1」は小さじ 1 (5ml)、「大 1」は大さじ 1 (15ml) です。
- 火加減は、特に記載がない場合は中火です。
- ご飯の炊きかたについては p016 を参考にしてください。
- 目玉焼き、プリックナンプラー、素揚げガパオの葉については p017 を参考にしてください。

- 食材や調味料に関しては p112 〜を参考にしてください。
- 調味料は、味をみてお好みで加減してください。
- 皮をむくなどの手順は記載を省略しています。
- 手羽餃子の骨の抜きかたやパン生地のつくりかたなど、一般的な手順やレシピでつくれる部分は、材料やつくりかたの記載を省略したり、簡略化しているものがあります。

無限ガパオ

ไม่มีกระเพราไม่มีชีวิตชีวา

p010の鶏ひき肉のガパオと、
次ページより掲載のガパオで、合計**130**種類!

無限ガパオの3系統

定番
ทั่วไป

タイの食堂や屋台などの定番ガパオ。メニューになくても材料があればつくってもらえる場合がある。

進化系
ก้าวหน้า

タイの料理記事、レシピ記事、動画、SNSなどで、タイの人たちが発信している新しいアレンジガパオや、温故知新のリバイバルガパオをリサーチしてレシピ化したもの。

創作系
พิวชัน

日本の定番ガパオ。日本独自のアレンジや解釈が加えられたガパオ。日本料理、ガパオ以外のタイ料理、その他の外国料理などにヒントを得てつくった創作系ガパオ。

กะเพราเนื้อ

肉のガパオ

ガパオといえば鶏ひき肉。そう思われがちですが、タイでは豚ひき肉や、大きめに切ったお肉も定番。他にも、牛スジ、レバー、砂肝、鶏モミジ、コブクロ、といった内臓系もガパオとの相性バッチリです。ミートボールやフライドチキンなど、肉を調理したものをメイン食材にするのもアリ!

Meat

定番
ทั่วไป

牛肉のガパオ

牛肉のガパオは、屋台や食堂など、どこでも頼めばつくってくれるメニューです。最初に私が調べたレシピにはショウガが入っていたのですが、「1968年のガパオ」(p098) の名残だったのかもしれません。

レシピ▶ ガパオ黄金比でつくる。メイン食材は牛かたまり肉を包丁で叩いたもの。牛肉を炒めたあとに、プリックチーファー1本ぶんの斜め薄切りを加える。

進化系
ก๋วยหม้า

牛スジ肉のガパオ

牛スジといえば、日本では居酒屋人気メニューの牛スジ煮込み
ですが、タイでは八角やシナモンなどのスパイスで牛スジを煮込
んで米麺の具にする中華系のクイッティアオ・ヌアトゥンが定番で
す。ガパオの味つけはトロトロ牛スジのおいしさを引き立てます。

レシピ▶ガパオ黄金比、アレンジのコツ❹（p015）でつくる。メイ
ン食材の牛スジ肉は圧力鍋でやわらかく下ゆでしたものを使用。

進化系
ก้าวหน้า

豚バラ肉のガパオ

ガパオというとひき肉のイメージですが、使うお肉の形状を変えるだけで、食べごたえや食感に違った魅力が生まれます。焼肉用の豚バラ肉でつくると、おかずとしての満足感がアップ。

レシピ▶ガパオ黄金比でつくる。メイン食材を豚バラ肉の厚切り（焼肉用）を 2cm 幅に切ったものに。

進化系
ก๊วยหมี่

ミートボールのガパオ

豚ひき肉 100％の自家製ミートボールでつくったガパオ。肉の
かたまり感と焼き目の香ばしさがおいしさのポイント。

レシピ▶ガパオ黄金比、アレンジのコツ❹（p015）でつくる。
メイン食材をミートボール（豚ひき肉 100g に塩コショウ少々、
片栗粉小 1 を加えて練り、1 口大にまるめて油で素揚げ）に。

定番
ทั่วไป

カリカリ豚のガパオ

昔は見なかったのに、ここ最近、定番入りしたガパオです。ムークローブ（カリカリ豚）は、
カイラン菜と炒めたり、屋台ご飯のトッピングにしたり、そのまま食べてもOK。

レシピ▶ガパオ黄金比でつくる。カリカリ豚は、まず皮つき豚バラ肉1本（500～700ｇ）を塩水で洗い酢をつける。フライパンに肉の皮を下にして入れ、水を豚肉の半分まで入れ、塩小1、酢大1を加え10分ゆで、裏返して10分ゆでる。皮にフォークで穴をあける。皮に縦の切れ目、肉側に格子の切れ目を入れ塩を軽くふる。器に酢少々を入れ皮を下にして10分置く。皮を上にして220℃のオーブンで約20分、200℃で10分焼き、油少々入れたフライパンで皮目がふくらむまで揚げる。

フライドチキンの
ガパオ

タイのサイトではガイポップという、屋台スナックや
KFC のメニューにもある一口サイズの小さい唐揚げで
つくっているのをよく見かけます。

レシピ▶ ガパオ黄金比、アレンジのコツ❹（p015）
でつくる。メイン食材をスーパーで購入した骨なしフ
ライドチキンに。器に盛り、お好みで素揚げガパオの
葉（p017）をトッピングする。

スペアリブの
ガパオ

シークロン・ムー（スペアリブ）も、スープにしたり
唐揚げにしたりと、タイでは定番食材。ただし日本人
がイメージするスペアリブのような大きな形ではなく、
軟骨周りも含め、小さめのブツ切りで使われます。

レシピ▶ ガパオ黄金比でつくる。メイン食材のスペア
リブは、臭み消しのレモングラス 1 本の斜め切り、コ
ブミカンの葉 1 枚を入れた鍋で 30 分ゆでるか、圧力
鍋で 10 分加熱し、圧が抜けるまで待ったものを。

進化系 ก้าวหน้า

鶏キンカンの ガパオ

2000年代初めぐらいのバンコクでは、バットに入った惣菜がずらりと並ぶ屋台の定番メニューだった鶏臓物系のガパオですが、一部では「最近あまり見なくなった」と懐かしまれているようです。

レシピ▶ガパオ黄金比でつくる。メイン食材を鶏キンカン、鶏レバーなどの臓物に。鶏キンカン、鶏レバーは熱湯でさっと下ゆでしてから炒める。

進化系 ก้าวหน้า

鶏モミジの ガパオ

タイでは、鶏モミジはグリーンカレーに入れたり、トムヤムのような辛いスープにしたり、一般的な食材です。

レシピ▶ガパオ黄金比でつくる。メイン食材のモミジ8本は爪を切り落とし塩水で洗う。鍋に湯をわかし、コブミカンの葉数枚、レモングラス1本を叩いて斜め切りにしたものを加えて30分ゆでる。ザルにあげ、2リットルの水に大1の重曹（調理用）を混ぜたものに一晩漬ける。骨に沿って包丁を入れ、骨を取りのぞく。

豚レバーのガパオ

きっとレバーが苦手な人でも食べられる！　ニンニクと唐辛子、そしてオイスターソースのこってりした味つけで、さらにガパオの葉をたっぷり目に加えれば、レバーの魅力が引き立ちます。豚レバーのガパオ以外にも、鶏レバー＋鶏ひき肉のガパオもおすすめです。

レシピ▶ガパオ黄金比でつくる。メイン食材を焼肉用のスライス豚レバーをさっと下ゆでしたものに。

砂肝のガパオ

タイ在住の人が「エビのガパオ」を頼んだつもりなのに「砂肝のガパオ」が出てきたとツイート。どちらもカタカナ表記は「グン（クン）」ですが、声調も母音も微妙に違います。砂肝は、エビほどメジャーなガパオ食材でないので、ある意味、砂肝を頼むほうが難易度が高そうです。

レシピ▶ガパオ黄金比でつくる。メイン食材を砂肝に。砂肝の銀皮が苦手な人は包丁で取りのぞく。

進化系 ก้าวหน้า

豚コブクロの
ガパオ

豚コブクロは臓物麺の具にしたり、タイ東北料理のトムセープという旨辛スープに入れたり、下味をつけて炭火で焼くなどタイでは身近な食材です。下ゆでしてガパオに。

レシピ▶ガパオ黄金比でつくる。メイン食材を豚コブクロに。鍋に湯をわかし、コブミカンの葉数枚、レモングラス1本を叩いて斜め切りにしたものを加えてコブクロを30分ゆで、食べやすい大きさに切る。

進化系 ก้าวหน้า

軟骨唐揚げの
ガパオ

日本の居酒屋で人気の軟骨揚げは、タイでも定番おつまみです。ついつい揚げるそばからつまんでしまい、ガパオをつくる前になくなりそうです。

レシピ▶ガパオ黄金比、アレンジのコツ❹（p015）でつくる。メイン食材を軟骨300gの唐揚げに。軟骨は、塩コショウ少々＆ナンプラー小1で下味をつけ、薄力粉小1＆片栗粉小1をまぶして油で揚げる。

進化系
ก้าวหน้า

合鴨のガパオ

タイではアヒル（タイ語ではペット）はメジャーな食材。でも、そのわりにアヒル肉のガパオは珍しく、これはたまたまネットで見かけたものです。タイの黒米とジャスミンライスを掛け合わせた新品種ライスベリー入りのご飯を添えて。

レシピ▶ガパオ黄金比でつくる。アヒル（合鴨）の脂身を取り、フライパンに脂身を入れて熱し、油を抽出して、その油でガパオをつくります。ご飯は、米1合につきライスベリー大1を加えて炊きます。

進化系
ก้าวหน้า

合鴨パストラミの
ガパオ

スーパーの惣菜コーナーでタイ産の合鴨パストラミを見つけたので、購入してガパオに。アヒルは、タイではローストして食べたり、レッドカレーの具にしたり、ラープにしたりします。屋台ではアヒル肉のせご飯や麺も定番。

レシピ▶ガパオ黄金比、アレンジのコツ❹（p015）でつくる。メイン食材を合鴨パストラミのスライスに。

肉のガパオ

進化系
ก้าวหน้า

センマイ＋牛スジ肉のガパオ

センマイはタイの定番食材。チムチュム（東北鍋）に入れたり、ハーブでゆでて辛いタレで食べたりします。タイで紹介されていたのは、シマチョウなども入ったホルモンガパオでしたが、今回はセンマイ＋牛スジで。

レシピ▶ガパオ黄金比でつくる。メイン食材を牛スジ肉（下処理は p022 参照）とセンマイに。センマイは塩と酒でもみ洗いし、酒少々を入れた熱湯で 2 ～ 3 分ゆで、水洗いする。黒い皮を取る場合は、水 500ml に重曹大 1 を溶かして 1 晩つけおき、熱湯で 2 ～ 3 分ゆでで水にさらしながら指でむく。

進化系
ก้าวหน้า

汁なしガパオ

近年見かけるようになった、タイ語でガパオヘンと呼ばれるドライタイプのガパオです。個人的にはガパオのツユダクご飯が好きですが、ドライもありかな。

レシピ▶ガパオ黄金比でつくる。メイン食材は鶏、豚、牛などお好みで（写真は豚肉を粗みじんにしたものを使用）。調味料と具材に火が通る前に焦げつきそうな場合は水を加えてから、汁気が飛ぶまで炒める。お好みで素揚げした鷹の爪をトッピング。

กะเพราทะเล
魚介類のガパオ

イカやエビのガパオはタイでも定番。ムール貝、イカ、エビなどをミックスした海鮮ガパオもよく食べられています。牡蠣やシャコなどもおいしいですが、なんといってもおすすめなのは白子のガパオ。創作系ガパオのベストレシピです。ぜひ日本の新鮮な魚貝で、アレンジを楽しんでください。

Seafood

創作系
ฟิวชัน

白子のガパオ

タイに白子のガパオはありませんが、日本の料理番組で見た白子の麻婆豆腐「麻婆白子」からヒントを得て、白子でガパオをつくってみたら、クリーミーな味わいがガパオ味とベストマッチ！

レシピ▶ガパオ黄金比、アレンジのコツ❹（p015）でつくる。メイン食材をタラの白子に。白子は熱湯でさっと塩ゆでをし、キッチンペーパーで水分をふきとり、一口大に切る。フライパンで炒めるときは弱火で優しく。

魚介類のガパオ
ขาหมูผัดกะเพรา

進化系
ก้าวหน้า

牡蠣のガパオ

タイでよく食べられている牡蠣は日本のものより小ぶりで、オースワンという牡蠣の卵とじが有名料理です。以前はタイ語でネットを検索しても「牡蠣のガパオ」はヒットしませんでしたが、ここ1〜2年で見かけるようになりました。

レシピ▶ガパオ黄金比でつくる。メイン食材を牡蠣に。牡蠣は塩水で洗い、キッチンペーパーで水気をふきとる。

進化系
ก้าวหน้า

ホタテのガパオ

ホタテはタイ語でホイシェル。シーフードレストランの定番食材です。魚介系については、ニンニク、唐辛子、クラチャーイ（タイゴボウ）、ホーラパー（タイのスイートバジル）、生コショウでピリ辛に炒める人気料理、パット・チャー（ジュージュー炒め）が、ガパオより一般的ですが、ガパオも推していきたいですね。

レシピ▶ ガパオ黄金比でつくる。メイン食材をベビーホタテに。

進化系
ก้าวหน้า

アサリのガパオ

タイのアサリ料理の定番といえば、殻つきのまま炒め、チリインオイルとホーラパーで味つけしたホイラーイ・パット・ナムプリックパオですが、ガパオ味のアサリもなかなかイケる！

レシピ▶ ガパオ黄金比でつくる。メイン食材を水煮アサリ缶に。水気を切って使う。

定番
ทั่วไป

海鮮ガパオ

シーフードたっぷりのガパオ。ムール貝が入ると高級感が出ますが、タイではムール貝（ミドリイガイ）のハーブ蒸しが屋台料理になるほど庶民的な食材です。ぜひ、お好みのシーフードを組み合わせてつくってみてください。

レシピ▶ガパオ黄金比でつくる。メイン食材はムール貝、イカ、ホタテ、エビの4種類を使用。

定番
ทั่วไป

イカのガパオ

タイの2大ガパオ食材が鶏肉と豚肉だとしたら、3番手か4番手ぐらいにくるような定番です。屋台やフードコートなどで頼むことができます。ファンシー系のカフェでよく見るハート型の目玉焼きを添えて。

レシピ▶基本のガパオ黄金比でつくる。メイン食材をヤリイカに。内臓、軟骨、目を取りのぞいて胴は輪切りにし、さっとゆでてから炒める。目玉焼きはアルミホイルを細長く折りハートの型をつくって焼く。

進化系
ก้าวหน้า

イカのつめもの
ガパオ

イカに豚ひき肉を詰めたものは、タイ料理の定番アイテム。グリーンカレーに入れたり、ニンニク炒めなどで食べたりします。今回はヒメイカですが、もう少し大きいイカでも。

レシピ▶ ガパオ黄金比でつくる。豚肉 60g、オイスターソース小 1、シーズニングソース小 1/2、砂糖小 1/2、コショウ少々を混ぜたものを、ヒメイカ 10杯に詰め、楊枝で止め表面に斜めの切れ目を入れ 5分間蒸したものをメイン食材に。

進化系
ก้าวหน้า

イカチチの
ガパオ

イカチチとはイカの卵胞。タイの屋台ではイカチチを鉄板で焼いたり、串焼きにしたりして食べます。写真は通販で取り寄せた冷凍イカチチを使ったガパオ。タイよりも少し大きめです。

レシピ▶ p015 アレンジのコツ❸を参照。イカチチ250g は解凍してさっと湯通しをし、多めの油で揚げ焼きにして、フライパンの端によせる。唐辛子 2 本、ニンニク 3 片、パクチーの根 1 本分を臼でつぶしたものを油で炒め、醤油大 1/2、オイスターソース大1/2、砂糖小 1/2 を加えてガパオのベースをつくる。イカチチをからめプリックチーファー 1 本の斜め薄切りを入れて混ぜ合わせ、最後にガパオの葉を加える。

定番
ทั่วไป

エビのガパオ

エビもガパオのメジャー食材です。さらにエビのガパオをパス
タにしたり、ふわとろオムライスのトッピング（p075）にしたり、
いろいろなアレンジをよく見かけます。

レシピ▶ガパオ黄金比でつくる。メイン食材をエビに。エビは、
背に包丁で深く切れ目を入れて背ワタを取りのぞく。

進化系
ก้าวหน้า

揚げエビのガパオ

こちらはエビを揚げたタイプ。ガパオ味がからみます。素揚げしたガパオの葉をたっぷりトッピングするのがアクセントに。

レシピ▶ガパオ黄金比、アレンジのコツ❹（p015）でつくる。メイン食材の揚げエビは、片栗粉をはたいて揚げたもの。エビを揚げる前に、トッピング用のガパオの葉を素揚げしておく。

ヒラツメガニの
ガパオ

タイの揚げ物屋台などで見かけるカニを揚げたもの
は、チリソースで食べる他、コブミカンの葉などと揚
げたハーブ風味もあります。今回のガパオ味も、おつ
まみにぴったり。

レシピ▶ガパオ黄金比、アレンジのコツ❹（p015）
でつくる。メイン食材のヒラツメガニは、スーパーの
惣菜コーナーで揚げたものを購入。

シャコのガパオ

シャコは、タイでも海辺のシーフードレストランなど
ではおなじみの食材です。大きなシャコをニンニク炒
めにしたり、生でナンプラーに漬けたりして食べます。
ガパオの場合は、日本のタイ食材店でも買える生コ
ショウを一緒に炒めると、ピリッとしたアクセントに。

レシピ▶ガパオ黄金比でつくる。メイン食材をシャコ
に。あれば生コショウを一緒に炒める。

進化系
ก้าวหน้า

アジのガパオ

見た目がアジに似ているプラトゥー（グルクマ）というサバの仲間は、タイではとても身近な魚。お店で売られているのを見ると、どれも首がうなだれていますが、蒸し籠に入れるときにポキッと折っているからです。今回はアジで代用しました。

レシピ▶ガパオ黄金比でつくる。メイン食材は、アジ1匹を塩焼きにして、ほぐしたもの。

進化系
ก้าวหน้า

白身魚のガパオ

タイでは、白身魚を揚げて辛いソースをかけて食べるプラー・ラートプリックという料理が有名ですが、最近では白身魚を揚げたものをガパオにアレンジしたり、ピリ辛ハーブ和えのラープにアレンジしたものなども登場するようになりました。

レシピ▶ガパオ黄金比でつくる。メイン食材は、白身魚（タラなど）を一口大に切って素揚げしたものに。

041

進化系
ก๋วยหน้า

ナマズのガパオ

タイでは定番食材のナマズ。ニオイが気になる人もいますが、ガパオのハーブ効果でとても食べやすくなる!

レシピ▶唐辛子2本、ニンニク2片を臼でつぶし、フライパンで炒めたら、筒切りの冷凍ナマズ180gを解凍して水気をふいたものを炒め、醤油大1/2、オイスターソース大1/2、ヤシ砂糖小1/2で味つけし、プリックチーファー1本の斜め薄切りとガパオの葉たっぷりを加えてさっと炒める。

進化系
ก๋วยหน้า

揚げナマズの
ガパオ

ナマズを揚げてから炒めたものとしては、生コショウやクラチャーイ(タイゴボウ)をたっぷり入れた辛味炒め、パット・ペット・プラードゥックが有名です。こちらは、それのガパオアレンジ版とでも言うべきか。

レシピ▶解凍した冷凍筒切りなまず350gは、水分をふきとりしっかりと素揚げする。唐辛子3本、ニンニク3片を臼でつぶして油大1で炒め、オイスターソース大1、醤油大1/2、ヤシ砂糖大1/2を入れてガパオのベースをつくり、素揚げしたなまずと、スライスしたプリックチーファー1本、ガパオの葉を加えてあえる。器に盛り、素揚げガパオの葉をトッピングする。

進化系
ก้าวหน้า

シシャモフライの
ガパオ

タイのサイトで、プラーカイ・イープン（プラー＝魚、
カイ＝卵、イープン＝日本）のガパオとして紹介されて
いたもの。逆輸入のようでおもしろい。

レシピ▶ガパオ黄金比、アレンジのコツ❹（p015）
でつくる。メイン食材のシシャモフライは、スーパー
の惣菜コーナーで購入。4本を斜め半分に切る。

進化系
ก้าวหน้า

鉄板サバステーキ
ガパオ

2019年までバンコクで営業していた伝説の日系洋食店
「みずキッチン」発祥の鉄板サバステーキはローカル
スーパーの惣菜売り場でも売られるほどタイで普及し
た日本食。そして、その鉄板サバステーキのガパオア
レンジを提供するタイのお店まで登場しました。

レシピ▶サバ半身は両面をソテーする。油大1/2を
熱し、ニンニク1片（みじん切り）、唐辛子1本（み
じん切り）を炒め、オイスターソース大1、ナンプラー
大1/2、ガパオの葉10枚を加えてガパオソースをつ
くる。熱した鉄板にご飯、サバステーキをのせ、ガパ
オソースをかける。あいた場所で目玉焼きをつくる。

กะเพรารวมมิตร／
กะเพราผัก

ミックス素材／野菜のガパオ

Mix ／ Vegetable

肉や魚など、メイン食材がひとつのガパオもおいしいですが、魚と肉をミックスしたり、野菜をたっぷり加えたガパオも味わいが豊かでリッチ。また、豚ひき肉をベースにカシューナッツやフライドポテト、中華ソーセージを加えるなど、組み合わせから生まれる新しいおいしさを発見するのもガパオの楽しみかたのひとつ。

定番
ทั่วไป

ガパオ・ルアミット

ルアミットはタイ語でミックスという意味。タイ料理全般に言えますが、肉と魚介類をミックスすることが多い印象。スープに魚介と肉を入れたり、肉あん系の料理でも、鶏ひき肉とエビを叩いたのを混ぜたりします。このガパオは目玉焼きではなく卵焼き（カイチアオ）を添えた変化球にしてみました。

レシピ▶ガパオ黄金比でつくる。メイン食材をイカ、エビ、豚ひき肉に。卵焼きは卵1個にナンプラー小1を混ぜ、多めの油で揚げ焼きにする。

ミックス素材のガパオ
แกงกระเพราทะเล

進化系
ก้าวหน้า

邪道の極みガパオ

「ガパオに野菜を入れるのは邪道」と言うタイの人もいますが、
昔は多種類の野菜が入ったガパオが惣菜屋台で売られていまし
た。一品で野菜もいろいろ食べられるのがいい!

レシピ▶ガパオ黄金比でつくる。メイン食材は鶏ひき肉、ニン
ジン、ベビーコーン、タマネギ、インゲン。すべて細めにカッ
トして。

ミックス素材のガパオ

進化系
ก้าวหน้า

クンチアンと豚ひき肉のガパオ

クンチアンは激甘の中華ソーセージでタイの定番食材ですが、今回は自家製で甘さ控えめにつくってみました。ピリ辛のガパオによく合います。

レシピ▶ガパオ黄金比でつくる。メイン食材をクンチアン1本と豚ひき肉50gに。クンチアンのつくりかた：豚ひき肉300gに塩、コショウ、五香粉各小1/2、砂糖大3、紹興酒大1、醤油小1を混ぜて練り、3等分してソーセージ形にしてクッキングペーパーで包み、2〜3日陰干しをする。斜めにスライスし、油で両面をしっかり焼いてからガパオのメイン食材にする。

進化系
ก๋วยหมี่

カシューナッツ入りガパオ

1990 年代、鶏肉のカシューナッツ炒めは日本のタイ料理店の代表的
メニューのひとつでした。それ以外に炒めものでカシューナッツを使う
料理は意外とないので、ガパオの組み合わせは新鮮！

レシピ▶ガパオ黄金比でつくる。メイン食材は豚ひき肉。仕上げに素
揚げしたカシューナッツを混ぜる。オイスターソースが多めの、こって
りとした味つけがおすすめ。

進化系
ก้าวหน้า

ソーセージと豚ひき肉のガパオ

タイでもソーセージは一般的な食材です。焼いて朝食にしたり、揚げておやつとして食べたり。ソーセージにガパオの味はからみませんが、トッピング感覚で食べられて、これまたいい感じ。ゆで卵を添えてみました。

レシピ▶ガパオ黄金比でつくる。メイン食材をソーセージ3本と豚ひき肉50gに。ゆで卵を半分に切って添える。

タケノコのガパオ

エノキのガパオ、マッシュルームのガパオなど野菜がメインとなる「○○のガパオ」の場合、豚ひき肉をつなぎのように使うことが多いですが、これは豚ひき肉と半々でつくってみました。

レシピ▶ガパオ黄金比でつくる。メイン食材を水煮タケノコの千切りと豚ひき肉の半々に。豚ひき肉を先に炒め、調味料で味つけしてから、タケノコを加えて炒める。

タケノコ漬けの
ガパオ

日本のタイ食材店でも買えるノーマイ・ドーン（タケノコ漬け）という発酵食品は、スープや炒めものの具材として定番です。ほのかな酸味でガパオに発酵風味をプラス。

レシピ▶適量のノーマイ・ドーンを水で洗って、油で炒め、ガパオそぼろ（p015 アレンジのコツ❺）を好きなだけ加えて炒め合わせる。味をみつつナンプラー、オイスターソースなどを加えてととのえる。

進化系
ก้าวหน้า

インゲンのガパオ

タイで勃発した「正真正銘のガパオには、ササゲを入れるか否か」の
ササゲ論争（p126）に対する究極の回答ともいえる、ササゲ（本書
ではインゲンで代用）だけのガパオです。FBの「ガパオ愛好会」グルー
プにジョークとして投稿されましたが、グループ内で大ウケでした。

レシピ▶ガパオ黄金比でつくる。メイン食材をササゲの代用であるイ
ンゲンに。

進化系
ก้าวหน้า

マッシュルームの ガパオ

トムヤムクンの具材として知られるヘットファーン（フクロタケ）のガパオが、タイの料理サイトで紹介されていますが、日本で手に入りやすいマッシュルームで代用。シイタケなども合いそうです。

レシピ▶ガパオ黄金比でつくる。メイン食材をマッシュルームに。豚ひき肉少々（50g程度）を加える。

進化系
ก้าวหน้า

エノキのガパオ

エノキは、最近タイでもよく見かけるようになったヘルシー食材。タイ語ではヘットケムトーン、またはヘットエノキと呼びます。素揚げにしてタレで食べたり、日本の居酒屋のようにベーコンや豚バラ巻きにして串焼きにしたりして食べます。

レシピ▶ガパオ黄金比でもつくれますが、写真は、エノキ1袋と豚ひき肉50gを炒めてガパオソース（p088）大2であえたもの。

進化系
ก้าวหน้า

ヤングコーンの
ガパオ

なんでもない野菜炒めでもヤングコーンが入るだけ
で、ぐっとタイの料理らしくなる。そんなタイの定番食
材を、小口切りにしてガパオのメイン食材に。

レシピ▶ガパオ黄金比でつくる。メイン食材をヤング
コーンの小口切りと鶏ひき肉少々（50g程度）に。

創作系
ฟิวชัน

フライドポテトの
ガパオ

冷凍庫に入っていた皮つきポテトを見て、これをガパ
オにしたらおいしいかも？　と閃いてつくりました。予
想以上のおいしさで、我が家の定番メニューに。

レシピ▶ガパオ黄金比でつくる。メイン食材は冷凍皮
つきポテトと、豚ひき肉少々（50g程度）。ポテトはフ
ライパンで揚げ焼きにしてから加える。

กะเพราไข่ /
กะเพราอาหารแปรรูป

卵／加工食品の ガパオ

ガパオのトッピングとして定番の目玉焼き。その卵をメイン食材にしたガパオが、おいしくないわけがありません。炒り卵をガパオにしたり、「う巻き」のようにガパオを巻いた「ガ巻き」など、目からウロコのアイデアも。さらに豆腐や納豆などの大豆製品のガパオ、サバトマト缶や豚皮チップスなどタイならではの食材のガパオも紹介します。

進化系
ก้าวหน้า

揚げ卵の エビガパオのせ

ゆで卵を揚げてタマリンド、ヤシ砂糖、ナンプラーのソースをからめたカイ・ルーククーイ（義理息子の卵）という料理は、タイの惣菜屋台でも定番の副菜。そのアレンジバージョンでエビのガパオをトッピング。

レシピ▶ゆで卵3個とガパオの葉は素揚げする。エビを粗みじん切りにしたものをメイン食材に、ガパオ黄金比でエビガパオをつくる。器に半分に切った卵を並べ、エビガパオ、揚げたガパオの葉をトッピング。

卵のガパオ
ไข่เจียวกะเพรา

進化系
ก้าวหน้า

カイカタ・ガパオ

フランス植民地時代のベトナム料理が伝わったというタイ東北地方の朝食メニュー、カイカタ（目玉焼き鍋＋トースト）。ここ10年ぐらいはバンコクでも人気に。ガパオアレンジもおもしろい。

レシピ▶卵2個、ソーセージ4本は切り込みを入れてスキレットで焼く。別のフライパンでニンニク1片のみじん切り、唐辛子1/2の小口切りを炒め、オイスターソースとナンプラー各小1、砂糖少々、ガパオの葉でソースをつくり、目玉焼きの上にかける。

進化系
ก้าวหน้า

カイコンドー・ガパオ

カイは卵、コンドーとはコンドミニアムのこと。卵焼きをコンドミニアムの建物のように高く焼くスタイルが一時、タイでブームになりました。本来は豚ひき肉を入れますが、残った豚ひき肉のガパオを利用してリメイクするのも楽しい。

レシピ▶ボウルに卵4個をときほぐし、豚ひき肉のガパオを適量を加えて混ぜる。フライパンに流し入れ、箸でかき混ぜ半熟状態になったらヘラで4等分して積み上げ、キューブ状（もしくは円柱）に成形しながら焼く。揚げたガパオの葉をトッピング。お好みでチリソースを添えても。

進化系
ก้าวหน้า

ゆで卵のガパオ

ガパオと卵が相性抜群なのは言うまでもないですが、こんなアイデアも面白い。写真は見栄えを意識してあまり混ぜていませんが、食べるときはよく混ぜて!

レシピ▶ゆで卵1個はスライスする。ガパオ黄金比で豚ひき肉のガパオをつくり、ゆで卵とあえる。

進化系
ก้าวหน้า

炒り卵のガパオ

卵が高騰したとはいえ、早い・うまい・安いの三拍子が揃ったガパオ。炒り卵は、カラカラに炒るより余熱で火を通した半熟気味なのがおすすめ。意外なおいしさにびっくりするはず。

レシピ▶ボウルに卵2個をときほぐし、オイスターソース大1/2、ナンプラー小1、砂糖小1を混ぜる。フライパンで唐辛子とニンニクを炒め、卵液をザーッと流し入れてかき混ぜ、ガパオの葉適量を加えて混ぜる。

進化系
ก้าวหน้า

卵焼きのガパオ

タイ料理の大定番である、たっぷりの油で揚げ焼きにしたカイチアオ・ムーサップ（豚ひき肉入り卵焼き）をガパオに。合わないわけがありません。

レシピ▶ボウルに卵2個を割り入れ、生の豚ひき肉50gを混ぜ、たっぷりの油で両面を揚げ焼きにする。このカイチアオ・ムーサップは、本来ナンプラーを入れてつくるが、ここではガパオのメイン食材にするため味つけはしない。焼けたら一口大に切って、ガパオのメイン食材に。味つけはガパオ黄金比で。

卵のガパオ
ไข่เจียวกะเพรา

進化系
ก้าวหน้า

ガ巻き

タイの料理サイトでは、目からウロコのアレンジガパオを発見することがあります。これは「日本風の卵焼きガパオ」と紹介されていました。まさに「う巻き」ならぬ「ガ巻き」。

レシピ▶ボウルに卵2個をときほぐし、卵焼き器に流し入れ、黄金比でつくった鶏肉のガパオ少々を巻き、盛りつけのさいは、上にも鶏肉のガパオをあしらう。

ネームのガパオ

ネームは酸味のあるタイの発酵ソーセージ。そのままピーナッツや針生姜と一緒に食べたり、ヤムにしたり、チャーハンの具にすることも。自家製もできますが、今回はタイ食材店で購入。

レシピ▶ガパオ黄金比でつくる。メイン食材のネームは、輪切りにして、さっと炒める程度で仕上げる。

定番
ทั่วไป

ピータンガパオ

たっぷりのガパオの葉を素揚げしてトッピングする「ガパオ・トート・クローブ」スタイルのガパオ。中華食堂の定番メニュー。ビールのおつまみにしたり、白粥と合わせてもおいしい。

レシピ▶メイン食材のピータンは、8等分して素揚げしておく。サブ食材の豚ひき肉（50ｇ）でガパオをつくる。ガパオ黄金比のレシピにプラスして、水少々を加えて汁気を多めにしておくのがポイント。揚げピータンを加えて混ぜ、素揚げしたガパオの葉をのせる。

進化系
ก้าวหน้า

サバトマト缶の
ガパオ

サバのトマトソース缶、ROZA は屋台でも自宅でも常備缶的存在。ヤムにしたり、炒めものにしたり、タイのクックパッドでも人気のアレンジ食材です。

レシピ▶ガパオ黄金比をベースに、メイン食材をROZA（1缶）に。缶詰のソースと一緒に、ニンニク、唐辛子を炒め、控えめの量のナンプラーとオイスターソースで味つけする。最後に缶詰の魚と、ガパオの葉を加える。

進化系
ก้าวหน้า

ケープ・ムーの
ガパオ

ケープ・ムー（豚皮チップス）は、ナムトック（豚の血入り麺）のトッピングにしたり、ソムタムのつけあわせにしたり、ナムプリック（ディップ）と食べたりと身近な食材。ケープ・ムーはタイ食材店で購入できます。

レシピ▶ガパオ黄金比で、豚ひき肉のガパオをつくり、最後にケープ・ムーを加えて混ぜる。

進化系
ก้าวหน้า

ベーコンのガパオ

ベーコンはタイでも普通にスーパーで売られている一般的な食材です。目玉焼きを添えると、ベーコンエッグのような組み合わせになります。

レシピ▶ガパオ黄金比でつくる。メイン食材をベーコンに。ベーコンは塩味が強いので塩分系調味料を少な目にする。

進化系
ก้าวหน้า

ムーヨーのガパオ

ムーヨーは、ベトナムサンドイッチのバインミーに入っているチャールア、もしくはゾールアとほぼ同じもの。原材料は豚ひき肉で、しっかりと練られているのでカマボコのような食感です。タイではスーパーやコンビニでも買え、ヤムや麺類の具としてよく使われます。

レシピ▶ガパオ黄金比でつくる。メイン食材を半月切りにしたムーヨーに。

ルークチンのガパオ

ルークチン（団子）は、つみれというより練り物の食感。豚肉、牛肉、魚などの種類がありますが、今回は魚の冷凍ルークチンをタイ食材店で購入しました。

レシピ▶ガパオ黄金比でつくる。メイン食材を半分に切った魚のルークチンに。

卵豆腐のガパオ

チューブに入った卵豆腐は、タイではゲーンチュー（薄味スープ）の具として定番です。他にも揚げ豆腐のように粉をはたいて焼いて、モヤシや黄ニラと炒めたりもします。今回は自家製の卵豆腐をガパオにしました。

レシピ▶ボウルで卵2個、豆乳140mlを混ぜて2回濾し、筒状のビニール袋に入れて輪ゴムで止め20分蒸してかためる。できた卵豆腐を1cm幅に切り、片栗粉をはたいて多めの油で両面を焼き、温めたガパオそぼろ（p015 アレンジのコツ❺）を適量のせる。

進化系
ก้าวหน้า

焼き豆腐のガパオ

もともと中国食材の豆腐は、タイでもメジャーな食材。
日本の豆腐も日系スーパーや大手スーパーで買えます。今回は食べごたえのある焼き豆腐を使用しました。

レシピ▶ガパオ黄金比でつくる。メイン食材を焼き豆腐に。キッチンペーパーで包んでレンジで1分加熱し、水気を飛ばしてからガパオにする。

創作系
ฟิวชัน

納豆ガパオTKG

2016年、私が日本で発酵イベントをしたときにオリジナルでつくったのが納豆ガパオ。タイで見かけたことはありませんでしたが、最近の日本では料理動画やレシピ界で、そこそこメジャーになりつつあります。そこでさらにひとひねりして、納豆ガパオTKGに。

レシピ▶納豆をメイン食材に、ガパオ黄金比でつくったガパオを、茶碗によそったご飯にのせる。さらに、生卵を割り入れ、かき混ぜて食べる。

กะเพราเส้น /
กะเพราใช้ข้าว /
กะเพราใช้ขนมปัง

麺／米／パンの
ガパオ

ご飯と一緒に食べておいしいものは、パンや麺に
も合います。タイでは、20 年以上前からあるガパ
オチャーハンやガパオパンはもう定番ですが、ふわ
とろオムライスや、ライスコロッケなど、ブームに
なった料理にも高確率でガパオ版が登場。炭水化
物と一体になった魅惑のガパオを召し上がれ！

進化系
ก๋วยหน้า

センミーの
カニかまガパオ

最近、タイでたまに見かけるカニ肉のガパオを、カニ
かまで再現。日本では節約食材のカニかまですが、
タイでは人気の日本食材で、日系のお寿司屋さんで
はメインの刺身と肩を並べるほどの存在感があります。
タイの米麺であるセンミー（極細麺）とガパオ風味に
炒めました。

レシピ▶センミー 60ｇ（乾麺）はぬるま湯につけて
戻す。カニかまをメイン食材に黄金比でガパオをつく
り、そこにセンミーと水少々（水の量はセンミーの硬
さに合わせる）を加えて炒め合わせる。味見をして薄
いようであれば調味料を追加して味を調える。

進化系
ก๋วยหน้า

センレックのガパオ

パッタイなどに一番使われているセンレック（中細の米麺）を
豚ひき肉のガパオに合わせて。

レシピ▶センレック 60 g（乾麺）は水で戻す。豚ひき肉 50 g
で黄金比のガパオをつくり、そのフライパンにセンレックを加え
て炒め合わせる。麺の硬さと味を見ながら水と調味料を追加し
て調整する。

進化系
ก๊าวหน้า

センヤイのガパオ

センヤイ（幅広麺）使ったガパオ。日本では乾麺が多いですが、
生麺のセンヤイが購入できるタイ食材店もあります。今回は自
家製麺でつくりました。

レシピ▶ボウルに米粉 30ｇ、タピオカ粉 30ｇ、ぬるま
湯 100ml を混ぜる。テフロン加工のフライパンに薄く油
をぬって弱火にかけ、クレープの要領で、薄く両面を蒸

し焼きに。焼きあがったら表面に油をぬって重ねていき、
2 ～ 3cm 幅に切る。シーイウダム（黒醤油）大 1/2 で
炒め、ガパオそぼろ（p015 アレンジのコツ❺）をあえる。

進化系
ก๋วยหมี่

春雨スパムガパオ

日本ではヤムウンセン（春雨サラダ）が人気ですが、春雨炒めや春雨のパッタイなど、タイでは主食の麺としても食べられます。タイの人がスパム入り春雨ガパオを紹介していたので、再現してみました。

レシピ▶ スパム 100g、卵 2 個を炒めて取り置く。フライパンで、ニンニク 2 片と唐辛子 1/2 本（臼でつぶす）を炒め、春雨 40g（乾燥）を水で戻したものと水少々を入れ、オイスターソースとナンプラー各大 1/2、砂糖小 1 を加えて炒め、卵とスパムを戻し入れ、ガパオの葉を加える。

進化系
ก๋วยหมี่

豚肉ガパオの
あんかけ麺

タイの屋台料理でも定番のラートナー（あんかけ麺）のガパオ・バージョン。今回は揚げ麺ですが、とろみをつけた館は、うどんにかけるなど汎用性が高そうです。

レシピ▶ フライパンで唐辛子 2 本、ニンニク 2 片（つぶしたもの）を熱し、豚ひき肉 100 ｇを炒める。シーズニングソース大 1/2、オイスターソース大 1/2、砂糖小 1 で味つけし、ガパオの葉を加えて片栗粉大 1（大 1.5 の水で溶く）でとろみをつけ、揚げ麺の上にのせる。

ママー（袋麺）の ガパオ

タイでは、インスタント麺を家庭で食べるのはもちろんのこと、屋台や食堂にヤム・ママー（インスタント麺のサラダ）、パット・ママー（インスタント麺炒め）というメニューもあります。ガパオ味が定番化する日も近い？

レシピ▶ガパオ黄金比で、豚ひき肉のガパオをつくり、熱湯3分で戻した袋麺を炒め合わせる。味を見て調味料を加えて調える。

スパゲティ・ガパオ

日本に明太子スパゲティがあるように、タイにもローカル・パスタがあります。パット・キーマオ（酔っ払い炒め）や、パッカナー・プラーケム（塩魚とカイラン菜炒め）のパスタがメジャーですが、ガパオのパスタもネットのレシピなどでよく見かけるように。

レシピ▶鍋で湯をわかし、スパゲティをゆでる。フライパンでガパオそぼろ（p015 アレンジのコツ❺）とパスタを炒め合わせる。

進化系
ก้าวหน้า

ガパオにぎり

日本のおにぎりは、タイでもコンビニで売られるほど人気。
このガパオにぎりはタイの料理サイトで紹介されていたもの
です。

レシピ▶ラップに黄金比でつくった豚ひき肉のガパオを広げ、
ご飯をのせて茶巾しぼりのようにギュッと包む。2cm幅に切った
のりを巻き、素揚げしたガパオをトッピングする。

創作系
ฟิวชั่น

ガパオライスバーガー

日本のスーパーで冷凍のライスバンズが売られていたのでガパオをはさんでみました。タイにもモスバーガーがあり、ライスバーガーは知られた存在。少しポロポロこぼれますが予想通りのおいしさ。

レシピ▶冷凍バンズをレンジで解凍し、黄金比でつくった鶏肉のガパオと目玉焼きをはさむ。

進化系
ก้าวหน้า

ガパオライスコロッケ

15年ぐらい前、タイの屋台でライスコロッケがプチブームになり、
グリーンカレーライスコロッケやガパオライスコロッケが登場し
たのですが、いつのまにか街から消えていきました。

レシピ▶ボウルにご飯150ｇ、ゆでた豚ひき肉50ｇ、
オイスターソース大1/ 2、ナンプラー大1/ 2、ニンニ
ク1片、唐辛子1本（各みじん切り）、ガパオの葉適量
（細切り）を入れて混ぜ、5等分してしっかりと丸める。
卵と薄力粉を混ぜたバッター液をまぶし、パン粉をつ
けて揚げる。スイートチリソースを添える。

ふわとろオムライス のガパオがけ

最近タイ関係のSNSでよく見かけるふわとろオムライスは、1936年創業のチェーン店See Fah（世華）で1984年に登場したメニュー。タイ語でカオ・カイコンと言います。本家は海老あん（醤油スープ系）をかけていますが、ファミレスのS&Pではガパオをのせたものが登場。

レシピ▶卵2個をボウルに割り、フライパンでオムレツを焼くときのように半熟状にし、半熟の面を上にしたままご飯の上にスライドさせてのせる。黄金比でつくった豚肉のガパオをトッピング。

エビガパオの 卵ロール

タイの料理サイトでは、おしゃれなアレンジ料理がたくさん紹介されているので、とても参考になります。ガパオも、こんなバルのタパスのようなフィンガーフードにアレンジすれば、パーティーメニューにもなりそう。

レシピ▶卵1個をときほぐし、卵焼き器で薄焼き卵をつくる。まきすに薄焼き卵、茶碗1杯分の白いご飯を広げて巻き、5等分する。これをお皿に並べ、黄金比でつくったエビのガパオをトッピング。

ガパオチャーハン

メニューに載っていなくても、ガパオを出しているお店なら、どこでもつくってくれる料理です。チャーハンのタイ語はカオパットですが、カオ・パット・ガパオ（ご飯＆ガパオ炒め）と間違われないように、カオ・クルック・パット・ガパオと、クルック（混ぜる）という単語を入れて注文しましょう。タイでは、他にもグリーンカレーチャーハン、レッドカレーチャーハンなども頼むことができます。

レシピ▶ガパオ黄金比で豚肉のガパオをつくる。白いご飯を加えて炒め合わせる。

サバ缶
ガパオチャーハン

タイの定番食材「首折れサバ」を具にしたガパオチャーハンを、日本のサバ水煮缶を使ってアレンジした一品。

レシピ▶ニンニク1片、唐辛子1/2（つぶす）を炒め、水を切ったサバ水煮缶1/2を加えて炒める。オイスター大1/2、ナンプラー大1/2、砂糖小1/2で味つけし、温かいご飯を茶碗1杯とガパオを混ぜて炒め合わせる。

進化系
ก้าวหน้า

ガパオバーガー

ガパオの変わり種がないか探していたときにタイのサイトで見かけたもの。ガパオバーガーはタイにありそうで、あまりないメニューのひとつですが、ガパオ味のパテは応用力抜群。

レシピ▶ボウルに牛ひき肉 100 g、ニンニク 1 片と唐辛子 1/2 本（各みじん切り）、オイスターソースと醤油各小 1/2、ガパオ少々（刻む）を入れてねったガパオパテを成形し、フライパンで両面を焼く。バンズにパテ、スライスチーズ、目玉焼き、トマトの薄切りをはさむ。

ガパオトースト

カノムパン・ナー・クン / ムー（エビすり身 / 豚ひき肉の揚げトースト）というタイの定番おつまみのガパオ版。本来は油で揚げますが、フライパンでエビあん部分を焼きつけて油を節約＆カロリーカットしています。

レシピ▶ボウルにエビ 50 g（包丁で叩く）、ナンプラー小 1/2、オイスターソース小 1/2、ガパオの葉 10 枚（刻む）、ニンニク 1/2 片と唐辛子 1/2 本（各みじん切り）を入れて混ぜ合わせる。8 枚切り食パン 1 枚を 4 等分してトーストしてからエビあんをぬり、フライパンに多めの油を入れてエビあんを下にして焼く。揚げたガパオの葉をトッピングする。

ガパオピザ（ナン）

タイのピザチェーン店であるピザカンパニーではトムヤムクンピザが定番ですが、ガパオピザも定番化したらウケるのではないかと思います。タイの料理サイトなどでは、すでにガパオピザが紹介されていますが、ここでは市販のナン生地を利用して再現しました。

レシピ▶市販のナン生地に、ガパオ黄金比でつくった豚ひき肉のガパオ、とろけるチーズ、卵を割ってのせ、トースターで約 10 分焼く。

進化系
ก้าวหน้า

ガパオサンドイッチ

サンドイッチはタイでも日常食。日本人は、ご飯に合うものとパンに合うものを、分けたがる傾向がありますが、白いご飯に合うものはパンにも合う！　今回はサンドイッチにしましたが、ホットサンドにしても美味です。

レシピ▶8枚切りの食パンを2枚トーストする。ガパオ黄金比でつくった鶏ひき肉のガパオと目玉焼きをはさみ、斜めに半分に切る。

定番
ทั่วไป

ガパオパン

20年以上も前から、タイのパン屋さんであるガトーハウスのロングセラー商品。ガトーハウスは、日本で言えばアンデルセンやリトルマーメードのような、イートインもできるベーカリーです。久々にサイトをのぞいたら、ガパオパンは1個67バーツのところ60バーツの特別価格で「売れてます」マークがついていました。

レシピ▶市販のパン（写真は自家製）に、ガパオ黄金比でつくった豚ひき肉のガパオとレタスをはさむ。

กะเพราแปลกใหม่
アレンジガパオ

ご飯にかけて目玉焼きを添えるスタイルから飛び出したガパオたち。シューマイや焼き枝豆など、おなじみのあの料理も、この料理も「ガパオ味」にアレンジできます。また、ガパオが大量に手に入ったときは「自家製ガパオソース」にして保存するのがおすすめ。ガパオを使った料理の世界がさらに広がります。

進化系
ก้าวหน้า

ガパオまん

日本のコンビニでも期間限定で発売されるようになったガパオまん。これは Twitter の投稿で見かけた「タイの市場で食べたガパオまん」を再現したもの。ポイントは、かわいらしいガパオの葉のアクセント。

レシピ▶ボウルに薄力粉 60 g、砂糖大 1.5、ベーキングパウダー＆イースト各小 1 を入れ、お湯大 1.5 をイーストの上にかけ、イーストを溶かしながら軽く混ぜる。サラダ油小 1、コンデンスミルク小 1 を加えて 10 分ほどこね、生地が約 2 倍になるまで発酵させる（1 時間程度）。生地を二等分して、豚肉のガパオ各 60 g ずつを包み、ガパオの葉をのせ約 10 分間蒸す。

創作系
ฟิวชั่น

ガパオシューマイ

ガパオまんをつくったら、次はシューマイが食べたくなり、つくりました。前ページのガパオまんは炒めたガパオを包みましたが、下記の豚ひき肉あんを、ガパオまんの具に使ってもOKです。

レシピ▶ボウルに豚ひき肉50ｇ、エビ50ｇ（包丁で叩く）、コショウ少々、ニンニク1/2片・唐辛子1/2本（各みじん切り）、オイスターソース小1、醤油小1、砂糖小1/4、ガパオ5枚（千切り）を入れて混ぜ、あんをつくり、シューマイの皮で包む（7個分）。蒸し器で約7分間蒸す。

創作系
ฟิวชั่น

ガパオ焼き小籠包

小籠包にハマっていた時期に、ガパオ味でつくってみたらどうだろう？　と思いさっそく実践。

レシピ▶①生地（薄力粉100ｇ、ベーキングパウダー小1、ぬるま湯50ml）をねる。②あん（豚ひき肉75g、ニンニク1片・唐辛子1/2本各みじん切り、オイスターソース大1/2、砂糖小1、ガパオの葉10枚みじん切り）をねる。③スープゼリー（お湯75ml、ナンプラー大1/2、ゼラチン2.5ｇ＝1/2袋）を冷蔵庫で冷やし固める。生地を6等分にし、大きく広げてあん、スープゼリーを包み、フライパンで焼く。写真は綴じ目を下にした焼きかたですが、綴じ目を上にして焼いてもかまいません。

進化系
ก้าวหน้า

焼き餃子のガパオ

餃子のあんをガパオにするのではなく、餃子そのものを具としてガパオにするという新発想。タイの YouTuber が、タイで売られている日本の冷凍焼き餃子をメイン食材にしてガパオをつくっているのを見て、その斬新なアイデアに感動しました。

レシピ▶ガパオ黄金比でつくる。メイン食材は冷凍焼き餃子 6 個と豚ひき肉を使用。冷凍餃子は先に焼いておく。フライパンで豚ひき肉 50 g でガパオをつくり、餃子を戻し入れて炒め合わせる。

クラトントーンガパオ

クラトントーンは、薄力粉でつくった食べられるカップに角切りにした野菜と鶏ひき肉などを炒めたものを入れる前菜。創作系タイ料理のお店ではラープやガパオでアレンジすることも。

レシピ▶カップに、豚ひき肉でつくったガパオを詰める。カップは、クラトントーンに似ているマレーシア料理パイティーのカップを購入して代用。

創作系
ฟิวชัน

スティックガパオ
春巻き

バンコク発のタイ東北料理店「ソムタムダー」。アメリカ、
ベトナム、日本にも進出し、NY店は2016年ミシュラ
ンで1つ星を獲得。代々木店で食べたラープのスティッ
ク春巻きが大好きで、ガパオ版をつくってみました。

レシピ▶春巻きの皮に大1程度の豚ひき肉のガパオ
をのせ、細長く巻く。巻き終わりを水溶き小麦粉をぬっ
てとめ、中温の油でカラリと揚げる。

創作系
ฟิวชัน

手羽ガパオ餃子

鶏手羽にひき肉の詰め物をして揚げたピックガイ・ヤッ
サイというタイ料理をガパオでアレンジ。鶏手羽の骨
は、まず関節を折って、太い骨と細い骨の間や、周り
の筋をキッチンバサミで切り離し、ぐるぐる回すと簡単
に取れます。

レシピ▶鶏手羽（5本）は骨を抜き、ガパオ焼き小籠
包と同様のあん（p082）を入れ、爪楊枝で止め素揚
げする。

創作系
พิเศษ

焼き枝豆の
ガパオ味

枝豆のおいしい夏。以前、日本のタイ料理イベントで
チリインオイル味の焼き枝豆を食べたことがあったの
で、ガパオ味もいけるはずと発想し、つくってみました。
これはビールがすすみますよ!

レシピ▶ニンニク3片と唐辛子1本を臼でつぶしてか
ら炒め、オイスターソース大1、ナンプラー大1/2、
砂糖少々を加え、サヤ部分を切った枝豆100gを入れ
て焼く。サヤが開いたら適量のガパオの葉を混ぜる。

創作系
พิเศษ

ベーコン餅ガパオ

正月になると、よく切り餅アレンジで登場するベーコ
ン餅。ガパオ味にしたら意外なおいしさ! タイでは
餅米をよく食べますが日本のように、ついて餅にはせ
ず、一口ずつ軽く握りながらソムタムやラープなどの
おかずと食べたり、スープにつけて食べます。

レシピ▶切り餅2個はそれぞれ細長く4等分に切って
ベーコンで巻く。フライパンでベーコン餅を焼きなが
ら、空いたスペースでニンニク1片と唐辛子1/2の
みじん切りと、ナンプラーとオイスター各大1/2を加
えて炒め、ベーコン餅が焼けたらからめて、ガパオの
葉をまぜる。

進化系
ก้าวหน้า

ガパオ豚串焼き

串焼き屋台もタイの定番。やや甘めのタレで朝食や
軽食に、もち米と一緒に食べます。屋台は薄切りです
が、一口大サイズにボリュームアップし、ガパオ味に。

レシピ▶豚かたまり肉 400 g を一口大に切り、タレ（ニ
ンニク 4 片・パクチーの根 2 本・白粒コショウ小 1
を臼でつぶし、刻んだガパオの葉 40 枚、ヤシ砂糖大 1、
オイスターソース大 2、醤油大 1、カオクア大 1、粉
末唐辛子小 1 と混ぜる）に 30 分以上つけてから串に
さし、魚焼きグリルで焼く。カオクアは、タイ東北料
理によく使われる食材。米か、もち米をフライパンで
乾煎りし、臼やフードプロセッサーで粉末状にする。

創作系
ฟิวชัน

ローストビーフ丼
ガパオソース

牛モモのかたまり肉をフライパンで焼く簡単ロースト
ビーフは、我が家の定番メニューです。オニオンソー
スもおいしいですが、味変にガパオソースはいかが？

レシピ▶フライパンでみじん切りにしたニンニク 1 片と
唐辛子 1/2 本を炒め、ナンプラー大 1/2、オイスター
大 1/2、砂糖小 1/2、ローストビーフの肉汁大 1/2、
水大 1/2 を加えて軽く煮詰め、みじん切りにしたガパ
オの葉 20 枚を加えてガパオソースをつくる。器にご
はん、薄切りにしたローストビーフ、温泉卵をのせ、
上からソースをかける。

進化系
ก้าวหน้า

自家製ガパオソース

家庭菜園でガパオの葉が大量に採れたので自家製ガパオソースに。上澄みの油で食材を炒めるのもおすすめ。いろんな料理に使えるので次ページ以降をご参考に。

レシピ▶［約350mlの瓶2本分］ニンニク2房、唐辛子20本を臼でつぶし、油150mlとともに弱火で炒める。ナンプラー150ml、オイスターソース150ml、砂糖大5を加えて軽く煮詰め、ガパオの葉をボウルに山盛り1杯を加えて葉がしんなりしたら完成。煮沸消毒した瓶に詰める。今回は、冷蔵保存して1カ月程度で使い切りましたが、消費期限は自己責任で。

創作系
ฟิวชัน

ガパオTKG

卵かけご飯（TKG）は最強のシンプル和食。醤油で味つけするのが最高ですが、温かいご飯と生卵とガパオソースの組み合わせも、言うことナシです。TKGは、卵と醤油を先に混ぜる派と、卵とご飯をしっかり混ぜてから醤油をたらす派がいますが、私は後者。写真では見た目のために、卵とガパオソースを一緒にご飯にのせましたが、ふだんは卵とご飯を混ぜ合わせてからガパオソースをかけています。

レシピ▶卵かけご飯の味つけを、醤油ではなく、ガパオソースで。

創作系
ฟิวชัน

かき混ぜ卵の
ガパオソース

p075の「ふわとろオムライスのガパオがけ」の時短バージョン。しかも、卵を溶きほぐさずに直接フライパンに割り入れて、箸でかき混ぜ、黄身と白身がまだらになるようにつくります。タイの屋台などでは、パッタイでも、卵炒めでも、別容器で卵を溶きほぐさずに、直接フライパンに卵を割り入れてかき混ぜるほうが一般的なのです。

レシピ▶油を熱したフライパンに卵2個を割り入れ、ヘラで黄身を崩しながら白身と黄身が混ざりすぎないよう半熟に炒める。ご飯にのせガパオソースをかける。

創作系
ฟิวชัน

サムギョプサル・ガパオソース

韓国料理の豚バラ肉の焼肉、サムギョプサルをガパオソースで。自宅焼肉の味変に重宝します。

レシピ▶厚さ1cm弱にスライスした豚バラ肉をホットプレート、もしくはフライパンで焼き、食べやすい大きさにカット。レタスにのせて、ガパオソースを添え、包んで食べる。

創作系
ฟิวชัน

カオマンガイ・ガパオソース

日本ではガパオと並ぶぐらい人気のカオマンガイ。シンガポールのチキンライスと混同されがちですがタレが違います。カオマンガイはタオチアオ（味噌）ベース。シンガポールはダークソイ、ショウガ、チリなどのソースをそれぞれ別皿で添えます。ガパオソースも、ぜひお試しを。

レシピ▶鶏肉をたっぷりの湯で2分ゆでて火を止め、余熱で火を通す。鶏皮をフライパンで焼き鶏油をつくり、ニンニクみじん切り、タイ米を炒めたら炊飯器に入れ、鶏肉をゆでたスープで炊く。ご飯と鶏肉を器によそい、ガパオソースを添える。

創作系
ผิวชัน

冷や奴ガパオソース

焼き豆腐のガパオもイケますが（p065）、冷や奴との相性も抜群です。ニンニクや唐辛子、ガパオの葉といった「薬味」で味変した冷や奴はビールのおつまみにも最高。

レシピ▶豆腐の表面をさっと水で流して器に盛り、ガパオソースをかける。

創作系
ผิวชัน

クンパオ・
ガパオソース

タイのシーフードレストランで定番のエビ焼き。一般的には、ナンプラー、ライム、唐辛子がベースとなったシーフード用のタレでいただきますが、ガパオソースでもおいしい！

レシピ▶エビ（有頭赤エビを使用）はキッチンバサミでヒゲを切る。頭と身の節の間に竹串を入れて背ワタを取る。魚焼きグリルで焼き、ガパオソースを添える。

アレンジガパオ

とんかつガパオソース

タイのTV番組で、とんかつにガパオソースをかけているレストランがチラリと映っていたので、どんな味だろうと思って再現しました。とんかつはもちろん、揚げ物全般に濃厚なガパオソースがマッチします。

レシピ▶ご飯に添えたとんかつに、ガパオソースをかける。

創作系
ฟิวชัน

ベーコンガパオエピ

ガパオソースをつくったら、これもガパオ、あれもガパオと、アレンジ料理の幅が広がります。ベーコンエピは米粉入りのパン生地でつくりました。

レシピ▶一般的なベーコンエピの材料、つくりかたで、薄力粉と米粉の割合を2：1にアレンジ。パン生地を広げてベーコンをのせたあと、ガパオソースを上にぬって生地を巻いて閉じます。

進化系
ก้าวหน้า

ガパオのジョーク

タイには、お米の粒が残ったままのカオトム（おじや）
と、お米の粒がないぐらいドロドロのジョーク（粥）
があります。ジョークは生米をフードプロセッサー
にかけてから煮たりもしますが、これは冷やご飯を石臼
でつぶした、簡単リメイクジョークです。ガパオソー
スで、ぜひ。

レシピ▶炊いたご飯 50 gを石臼でつぶす。鍋に入れ
て水を少しずつ加えて火にかけ、好みの薄さにのば
す。卵を割り入れ火を通す。器に盛りガパオソース
をかける。

進化系
ก้าวหน้า

ガパオソースの
スープ

なにかいい匂いがするとキッチンに行ったら、タイ人
の夫がガパオソースをお湯に溶かしたスープをつくっ
ていた。タイ料理ネイティブの夫がつくる料理は、肩
の力が抜けすぎていて、いつも私の「タイ料理はこう
であるべき」という硬い頭をほぐしてくれます。ガパオ
ソースのスープ、斬新すぎですが、なかなかイケます。

レシピ▶鍋に湯 150ml をわかし、ガパオソース大 1
を加える（ダンナ Ver. は、薄皮をむいたニンニクを 4
〜 5 片さらに追加していました）。

ู้วัฒนธรรมอาหารกะเพรา

食文化を知る ガパオ

ガパオを深掘りするなかで見つけた、タイの 50 年前のガパオや宮廷ガパオなどの歴史的レシピから、マンゴーガパオや麻辣ガパオのようなブームに乗じた最近のレシピまで。さらに、日本で食べられている、ガパオの葉の代用品である青じそを使ったガパオや、ガパオの葉が入っていない学校給食のガパオなど、変化し続けるガパオ今昔物語をレシピで紹介。

Food culture

定番
ทั่วไป

2000年ごろのガパオ

私がタイに住んでいたのは 2000 ～ 2006 年。いつも通っていた屋台では、オイスターソース、黒醤油、シーズニングソースなど、次から次へと調味料を入れ、目玉焼きも上から油をかけてカチコチに焼くのが主流でした。もちろん、最近タイでは邪道あつかいされがちな、ササゲ入り。郷愁を誘う在りし日のガパオです。

レシピ▶フライパンに油を熱し、ニンニク 1 片・唐辛子 1 本（臼でつぶす）を炒め、豚ひき肉 80 g、インゲン（ササゲの代用）3 本の小口切りを加えて炒め、ナンプラー小 1、醤油、オイスターソース、シーイウダム、シーズニングソース各小 1/2 で味つけし、ガパオの葉を混ぜる。

1968年のガパオ

タイのSNSで勃発した「ササゲ論争」（p126）。本来、ガパオにはササゲを入れるか否かの議論で掘り起こされた1968年のレシピをもとに再現。ササゲは入っていません。

レシピ▶プリックチーファー1本、プリッキーヌ8本（唐辛子なら3本）、白粒コショウ2粒、パクチーの根5本、ショウガ1片、ニンニク3個、ホームデーン1個を臼でペースト状にする。フライパンを熱し、ペーストを炒め、鶏肉250g（包丁で細かく刻む）を加えてナンプラー大2、砂糖大2、化学調味料小1/4を加えて炒める。ガパオの葉を加えて混ぜ、火からおろす。

進化系
ก้าวหน้า

1970年のガパオ

ガパオにササゲを入れるかどうかの「ササゲ論争」（p126）で
話題にのぼった、1970年のレシピにもとづく、ササゲ入りガ
パオ（インゲンで代用）。珍しい粉末唐辛子入りのレシピです。

レシピ▶フライパンに油大1.5を入れて熱し、ニンニク2片
（みじん切り）を炒める。鶏肉1/2カップ（細かく刻む）
を入れて炒め、火が通ったら1cm幅に切ったインゲン1/2

カップ、プリックチーファー2本（斜め切り）を加えて炒
める。ナンプラー大1.5、粉末唐辛子小1、化学調味料小
1/8を加えて炒め、ガパオの葉1/2カップを加える。

進化系
ก้าวหน้า

豚肉宮廷ガパオ

一時期、タイの料理シーンで注目を集めた「宮廷ガパオ」。王室でつくられ
ていたもので、いくつかレシピがありますが、これはガピを入れるタイプ。

レシピ▶タイニンニク5粒、プリッキーヌ3粒（緑唐辛
子1本で代用）、プリックチーファー1本、パクチーの
根1本、タイカルダモン2粒、ショウガ1切れを臼でつ
ぶしてペーストにし、ガピ小1/2を加えて混ぜる。フラ

イパンに油を熱し、ペーストを炒め、香りが出たら豚ひ
き肉150gを加えて炒める。臼を洗った水少々を加えて、
ナンプラー大1、ヤシ砂糖小1を加えて炒める。ガパオ
の葉と花を加えて炒め合わせる。

進化系
ก้าวหน้า

海鮮宮廷ガパオ

「ガパオは医食同源」という考えにもとづき、ガパオの根も含めた 10 種類のハーブやスパイスで炒めます。

レシピ▶白粒コショウ 10 粒、ショウガ 2 切れ、プリッキーヌ 5 〜 6 本（緑唐辛子 1 本で代用）、プリックチーファート 2 本、タイカルダモン 3 粒（殻を割って中身のみ）、ニンニク 3 片、パクチーの根、ガパオの根、ガパオの花、塩少々を臼でペースト状に。フライパンに油を熱し、エビ 4 匹、イカ 100 ｇ（さっと湯通し）、白身魚 1 切れを炒め、ペーストを加えて炒め合わせる。鍋肌からナンプラー大 1、砂糖大 1 を加えて炒め、ガパオの葉をたっぷり加えて混ぜる。

伝統ハーブガパオ

タイのドキュメンタリー番組で紹介していた究極の薬膳ガパオをベースに再現。とにかく香り高い！

レシピ▶ロングペッパー 1/2 本、黒粒コショウ 5 粒、タイカルダモン 1 粒、プリッキーヌ 3 本（赤唐辛子 1 本、緑唐辛子 1 本で代用）、タイニンニク 3 片、クミン小 1/8、タイ山椒小 1/8、ショウガ 1 片、ガパオの花ひとつ、パクチーの根 1 本を臼でつぶし、ガピ小 1/2 を混ぜる。フライパンに牛脂を熱し、包丁で叩いた牛肉 100 gと、その上にペーストを置き、ペーストを焦がさないように炒め合わせる。ナンプラー大 1/2、ヤシ砂糖小 1/2、黒コショウ少々で味つけし、スープストック大 3 を加えて煮詰め、ガパオの葉を加える。

昔ながらのガパオ

ガパオの歴史や、昔のガパオはどんな感じだったかリサーチする中で読んだ、一般のタイの人による投稿をベースに再現。レモングラスが入っているのが特徴的。

レシピ▶ニンニク 2 片、鷹の爪 2 本、レモングラス 1 本は、それぞれ別々に臼でつぶす。ニンニクを炒め、包丁で叩いた豚肉 100 gを加えて炒め、鷹の爪、レモングラスを加え、醤油大 1/2、砂糖小 1 で味つけし、ガパオの葉を加える。

進化系
ก้าวหน้า

ガパオトレイ

数年前、お盆にソムタムやカノムチーン（米麺）など
を並べるソムタムトレイがタイで流行り、その流れなの
かガパオトレイも登場。中身は普通のガパオですが、
かわいいホーローのトレイに盛りつけるだけで、テン
ションが上がります。ナンプラーのかんたんスープも
添えました。

レシピ▶タイ米 1 合分。ガパオは、豚ひき肉 150 g＋
エビ 16 匹、唐辛子 5 本、ニンニク 5 片、ナンプラー
大 2、オイスターソース大 1.5、砂糖大 1 でつくる。
ナンプラースープのつくりかたは p017 参照。

進化系
ก้าวหน้า

麻辣ガパオ

何年か前、日本でもしびれ系がプチブームになりまし
たね。タイでも、あちこちの屋台で麻辣味の串焼きが
登場している、という在タイ日本人の Twitter を見かけ、
「へぇ〜」と思っていたら、今度は麻辣ガパオがタイ
料理サイトで次々と紹介されるように。

フライパンに油を熱し、ニンニク 1 片（臼でつぶす）、
唐辛子 1 本（半分に切る）を炒め、鶏ひき肉 100 g
を加え、麻辣醤（李錦記を使用）大 1/2、ナンプラー・
オイスターソース各小 1/2 で味つけ、ガパオの葉をたっ
ぷり加える。器に盛り温泉卵を添える。

進化系
ก๊าวหน้า

ガパオ＋エビ天

バンコクの日系スーパーの惣菜＆弁当売り場で、ガパオにエビ天がトッピングされていた！ との投稿を目撃。タイでも日本料理は人気ですが、日本人とタイ人、どちらのウケを狙ったのかは謎です。ちなみに日本のタイ料理店ではタマネギ入りガパオが多いですが、タイでは入れても入れなくても、という感じです。

レシピ▶ガパオ黄金比でつくる。メイン食材は豚肉とタマネギのスライス、インゲンの小口切りを追加。器にご飯を盛り、ガパオとエビ天をトッピングする。

進化系
ก๊าวหน้า

鉄板ガパオ

日本のステーキチェーン店のタイ支店で限定メニューとして、こんなガパオが登場。熱々の鉄板に牛肉とガパオの葉などをのせ、ガパオソースを混ぜてジュージュー焼いていただきます。

レシピ▶鉄板を熱して油をひき、タマネギ 1/8 のスライス、牛薄切り肉を並べ、上にガパオの葉 10 枚、ニンニク 1 片みじん切り、唐辛子 1 本みじん切り、プリックチーファー1/4 本細切りをのせ、ガーリックバター（バター 10g、塩コショウ少々、砂糖少々、ニンニクすりおろし 1/2 片、醤油数滴、市販の香味ペースト小 1/4 を混ぜ合わせたもの）、目玉焼きをのせる。醤油・オイスターソース各大 1 を混ぜたものをかける。

タイ米アイスの
ガパオ添え

タイで超メジャーなアメリカ発のアイスクリームチェーン店スウェンセンズのエイプリルフールメニューとして登場。p126 も参照。

レシピ▶ 炊いたタイ米のご飯 150g、ココナッツクリーム 250ml、砂糖大 2、塩少々を鍋で煮詰め冷凍庫で凍らせる。ガパオ黄金比でつくった豚肉のガパオを添える。

マンゴーガパオ

タイ人アーティストのパフォーマンスがきっかけで、カオニャオマムアン（マンゴー＆もち米のココナッツミルクソースがけ）が SNS でブームになったのをネタにして、ガパオを提供している食堂が TikTok に「マンゴーガパオはいかが?」とアップしてネットニュースに。タイでは、粉末唐辛子やナンプラーを使ったタレを生のフルーツにつけて食べたりするので、このマンゴーガパオも、そこまでキワモノではないかも。p126 も参照。

レシピ▶ ナンプラー大 1、ヤシ砂糖大 1、唐辛子 1 本を煮詰めガパオの葉を加えて火を止め、皮をむいて半分に切ったマンゴーにからめる。

進化系
ก้าวหน้า

地獄のガパオ

バンコクで辛い味つけが苦手な若者が増えているなか、「地獄のガパオ」「地獄落ちのガパオ」という名前の激辛ガパオが登場。多々あるタイの人のレシピの中から比較的唐辛子抑えめの一品を再現しました。日本の鷹の爪を使用したせいか、激辛ではあるものの、食べられない辛さではありません。唐辛子好きはぜひチャレンジを!

レシピ▶ニンニク3片、唐辛子5本、鷹の爪5本を臼でつぶす。フライパンに油大1を熱し、豚ひき肉150gを炒め、オイスターソース大1、ナンプラー大1/2、砂糖大1/2で味つけし、ガパオの葉を加える。卵はドレス・ド・オムライス風に。

進化系
ก้าวหน้า

ガパオ焼きうどん

タイの日系老舗スナックで「ガパオ焼きうどん」がメニューにあるとの噂を聞いて、それもありか!とつくってみました。ちょうど、ガパオにマヨネーズを足すとおいしい、と話題になっていたので（p139のコラム参照）、焼きうどんにもマヨをたっぷり添えて。

レシピ▶ニンニク1片（みじん切り）、唐辛子1本（輪切り）を炒め、エビ3匹、豚肉50g、イカ30g、タマネギぎ1/8（薄切り）、ピーマン1/4（縦切り）を炒める。湯通ししたうどん1玉を加え、オイスターソース大1、ナンプラー大1/2で味つけをし、ガパオの葉を加える。

進化系
ก้าวหน้า

唐辛子抜きの
ガパオ

ガパオの葉が入らないガパオはガパオではありません
が、唐辛子が入らないガパオはガパオのようです。「(タ
イの屋台で)唐辛子抜きのガパオを頼んでいる人が
いた 555 (タイ語で 5 はハーと発音するので笑いを意
味する。日本での www と同義)」というタイの人の
投稿を SNS で見て再現。ニンニク醤油ベースと考え
れば、これはこれでアリ。

レシピ▶ ガパオ黄金比で、唐辛子を入れずにつくる。

進化系
ก้าวหน้า

ヘルシーガパオ

タイにも健康志向の波がやってきて、ヘルシーレシピ
も数多く紹介されています。これもその中のひとつ。
油を使わず塩コショウでシンプルに味つけしたガパオ
と、スーパーフードとされる黒いお米のライスベリー。
卵もテフロン加工のフライパンで油なしで焼きます。

レシピ▶ 鶏むね肉 100 g を一口大に切り、塩コショ
ウを強めにふり 30 分ほど置く。テフロン加工のフラ
イパンに、ニンニク 2 片と唐辛子 2 本 (臼でつぶす)、
鶏肉と水少々を入れて炒め、ガパオの葉を加えて混
ぜる。

インネパガパオ

日本のインド料理店やインネパ（インドネパール）料理店で、なぜかメニューに紛れている不思議なガパオ。味は店によってかなり違いますが、現在は、ガパオの葉入りのガパオの普及や、ガチインド＆ガチネパール料理店の躍進で、絶滅の危機にあります。

レシピ▶鶏もも肉1枚を、ニンニク・ショウガ各1片のすりおろし、ヨーグルト大1、ガラムマサラ小1/4に1時間つける。フライパンで鶏肉、タマネギ、パプリカを炒め、コリアンダーパウダー小1/4、チリペッパー小1/4、ケチャップ大1、オイスターソース大1で味つけする。米1合にターメリック小1/8を混ぜて炊いたターメリックライスにのせ、目玉焼きを添える。

台湾ガパオ

台湾で人気の泰式打拋（タイ風ガパオ）は、辛さ控えめでトマトやレモンの酸味を効かせるのが特徴的。台湾バジルはイタリアンバジルに近い香りの強さがありますが、日本では入手しづらいのでガパオの葉を「代用品」として使ってもかまいません。p125のコラムも参照。

レシピ▶フライパンに油を熱しニンニク1片、ショウガ1片（各みじん切り）を炒め、ハンバーグ状に練った豚ひき肉200gを入れて、崩しながら炒める。合わせ調味料（ナンプラー大1/2、オイスターソース大1、しょうゆ小1、砂糖小1、化学調味料少々、白コショウ少々、水大1）を回し入れ、インゲン3本（小口切り）、ミニトマト5個（半分に切る）、台湾バジルを加えて混ぜ、レモン汁小さじ1を回しかける。

創作系
ฟิวชัน

アメリカガパオ

タイの SNS に投稿された「アメリカのタイ料理店でガパオを頼んだら、これが出てきた！」という写真から想像して再現しました。p136 も参照。

レシピ▶フライパンで油を熱し、ニンニク 1/2 片と唐辛子 1/2 本（各みじん切り）を炒め、豚肉 50 g を加えて火が通ったら、キュウリ 1/4 本（厚めにスライス）、インゲン 5 本（半分に切る）、ピーマン 1/4 個（縦切り）、ニンジン 1/4 本（輪切り）、パプリカ 1/8 個（スライス）を加え、オイスターソース小 2、ナンプラー小 1、中華だし小 1/2、水大 2 を加えて野菜がしんなりするまで炒め、ホーラパー 5 枚を加える。

創作系
ฟิวชัน

ドイツガパオ

こちらも、タイの SNS にアップされた「ドイツのガパオにキュウリが入っていた」とのたれ込み情報から。写真を見ると、ベビーコーンやタマネギも入っていました。p136 も参照。

レシピ▶フライパンに油を熱し、ニンニク 1/2 片と唐辛子 1/2 本（各みじん切り）を炒め、鶏ひき肉 100 g を炒める。キュウリ 1/4 本（厚めのスライス）、インゲン 2 本（3 等分）、ピーマン 1/4 個（スライス）、ベビーコーン 2 本（斜めに 2 等分）を加えて炒め、砂糖小 1、オイスターソース小 2、ナンプラー小 2 で味つけする。ガパオの葉 5 枚を加える。

給食のガパオ

食育の影響で日本の保育園や小学校などの給食にガパオが出される時代に。自治体の HP やクックパッドでも給食メニューが公開されています。このレシピは初期の「代用のハーブすら入らない給食ガパオ」へのオマージュです。

レシピ▶ニンニク1片とショウガ 1/2 片（各すりおろし）をごま油で炒め、鶏ひき肉 160 g、タマネギ 1/4 個、ニンジン 1/6 を加えて炒め、カレー粉小 1/2、醤油・オイスターソース各大 1/2、砂糖大 1/2、塩少々で味つけし、ピーマン 1/2 個とパプリカ 1/4 個（各角切り）を加えて炒め合わせる。水溶き片栗粉大 1/2（水大1で溶く）を加えて混ぜる。

青じそガパオ

1980 年代の日本のタイ料理レシピ本は、ガパオを青じそで代用するのが一般的でした。そこからイタリアンバジルでの代用時代、ハーブが何も入らないガパオ混沌時代、ガパオの葉が入らないとガパオではない時代、でも、なければ青じそでもいいよ時代、と一周まわって戻ってきた感じがします。

レシピ▶ガパオ黄金比で鶏肉のガパオをつくる。ガパオの葉の代わりに、ちぎったしその葉を加える。

創作系
ฟิวชัน

はじまりのガパオ

私がガパオを追求するきっかけとなった料理。タイに6年間住んで帰国し、日本で豚
ひき肉のガパオをポロポロのそぼろのようにつくったところ「これはガパオではない」
とタイ人の夫にダメ出しされました。とはいえ本書では「ガパオそぼろ」として汎用
性の高い「つくおき」に昇華しています（p015 アレンジのコツ❺）。

レシピ▶ ガパオ黄金比で豚ひき肉のガパオをつくる。ニ
ンニクはつぶさずみじん切り、プリックチンダーではなく鷹
の爪1/2本を小口切りに。ひき肉はポロポロのそぼろ状

に炒め、ガパオの葉ではなくイタリアンバジルをちぎって
加える。目玉焼きは、フライパンに卵を割り入れ、水少々
を入れてふたをし、蒸し焼きにする日本風のスタイルで。

無限ガパオの 調味料・ハーブ・スパイス・食材

ガパオのうまみを支える調味料

ナンプラー

タイの魚醤。秋田のしょっつる、石川のいしる、ベトナムのヌックマムのように、魚を発酵させた液体調味料。ナンプラーの多くはカタクチイワシが原料です。日本の醤油と同じでメーカーによって風味や塩味が異なり、日本でも通販などを利用して、数社のナンプラーから選んで購入可能。

タイでは早めに使い切ってしまうためか、常温でキッチンに出しっぱなしになっているのをよく見かけますが、使用頻度が少ない場合、開封後は冷暗所で保存するとよいでしょう。場合によっては開封後、色がだんだん濃くなることもあります。また、長期間にわたって放置すると、塩の結晶がボトルの底にできることも。独特な匂いや塩味が強くなる場合もあります。

シーイウカーオ

タイ語の意味は、シーイウ＝醤油、カーオ＝白で、大豆からつくられた発酵液体調味料。薄い色合いで日本の淡口醤油のような位置づけです。もともとは中華系の調味料ですが、炒めもの、スープなどに使われ、タイの家庭に常備されている一般的な調味料のひとつ。ガパオのように、同じ料理でもナンプラーとシーイウカーオを好みで使い分けたりする場合もあります。

シーイウダム

タイ語でダムは黒の意味。シーイウカーオに糖蜜を加えた黒醤油です。ドロッとしており、色合いも濃厚で、甘みやコクをつけたいとき、料理の色みを濃くしたいときに使います。日本の黒蜜を醤油とあわせて使うことで代用できます。

オイスターソース

醤油と同じくらいオイスターソースも定番調味料。牡蠣が原料に使われており、炒めものやスープなど、主に中華系の料理に使用します。タイ語ではナンマンホイ。最近ではベジタリアン向けにつくられた椎茸ソースであるソースヘットホームがオイスターソースの代用として使われることもあるようです。

シーズニングソース

醤油に砂糖、塩、うまみ成分を添加した調味料。タイ語ではソースプルンロット。「マギー」、「ソースプーカオトーン」などのブランドが有名ですが、シーズニングソースの意味で「ソース・マギー」と言ったりする場合も。タイでは隠し味的に使ったり、目玉焼きにかけたりします。

ガピ

シュリンプペーストと訳されることも多い、小エビを塩漬けにして発酵させたペースト状の調味料で、くせのある強い香りが特徴です。マレーシアのブラチャン、インドネシアのトゥラシも、タイのガピと同様の小エビ発酵ペースト。東南アジア一帯で古くから使われている発酵調味料です。

砂糖

タイ料理でよく使われるのは、サトウキビからつくったグラニュー糖のナムターンサイ、ヤシからつくられるヤシ砂糖のナムターンマプラーオ（ナムターンピープとも）があります。ヤシ砂糖はパッケージに入ったものと、丸や四角に成形したかたまりの状態で売られているものがあります。

油

ガパオなどの炒めものには、米ぬか油、大豆油、菜種油、パーム油、コーン油などの植物油が一般的に使われていますが、ラードなどの動物油が使われる場合もあります。

化学調味料

タイ語ではポンチューロット。最近は「化学調味料不使用（マイサイポンチューロット）」をうたう店やレシピが増えてきましたが、昔は麺でも炒めものでも、スプーンですくって入れるほど、欠かせない調味料でした。本書では、50年以上前の料理書のガパオ・レシピを紹介していますが（p098-099）、そこには化学調味料が材料のひとつとして記されています。

ナンプラー

シーイウカーオ

シーイウダム

オイスターソース

シーズニングソース

ガピ

ヤシ砂糖

化学調味料

ガパオに香りと刺激とニュアンスを与えるハーブ＆スパイス

ガパオの葉と花

　タイ食材店や通販サイトで購入することができます。夏場はスーパーなどに出回ることも。タイ食材店でもタイミングによっては買えないことがありますが、基本的に一年を通じて日本産のフレッシュなガパオの葉が入手可能。また、キューブ状に冷凍されたガパオの葉が売られていることもあり、冷凍庫で保存でき便利。家庭菜園でガパオを育てることもできます（p127）。フレッシュなガパオの葉を購入すると花がついていることもありますが、シソの実のような感覚で一緒に炒めて OK です。

　ガパオは基本、洗わないで使いますが、気になる人は水をはったボウルで優しくふり洗いをするか、湿らせてしぼったキッチンペーパーなどで葉の表面を丁寧にふきとってください。

ホーラパー

　日本ではタイバジルや、スイートバジルという名で呼ばれることもある、タイのバジルの一種です。茎や花が紫っぽいのが見た目の特徴。ゲーン（カレー）やスープに入れたり、炒めものに入れたり、生で料理につけ合わせて食べたりもします。

コブミカンの葉

　タイ語ではバイマックルー、英語ではライムリーフ。2枚連なった葉が特徴。トムヤムクン、レッドカレー、炒めものなどに入れたり、千切りにしてヤムの材料に、また臓物系の下ゆでで臭み消しに使うなどタイの常備ハーブ。

唐辛子

　タイ語ではプリック。タイの唐辛子といえば、プリッキーヌという小粒で激辛な種類が有名ですが、プリッキーヌと同じぐらい使われているのが、プリックチンダーという赤唐辛子です。ガパオの場合もプリックチンダーを使うことが多く、人によってはプリッキーヌをプラスします。

　また、タイ料理では彩りのためにもよく使われる大きめの唐辛子、プリックチーファーがあります。プリックチンダーより辛さはマイルドで、赤色以外にも緑色、オレンジ色、黄色などの種類があります。日本のガパオは、パプリカ入りのレシピが多いですが、プリックチーファーの代用がルーツかもしれません。

　唐辛子の色の違いは成熟度の違いで、未熟な緑は辛さが弱いと言われています。日本ではタイ食材店で冷凍のプリックチンダーやプリックチーファーが購入可能。生のプリッキーヌは時期によって販売されていることもあります。

粉末唐辛子

　タイ語ではプリックポン。イサーン（タイ東北地方）料理でよく使われます。種ごと粉末になって売られていますが、乾燥唐辛子を買ってきて、臼で粉末にして使うこともあります。

ニンニク

　クラティアムタイ（タイニンニク）と日本のスーパーでもおなじみのクラティアムチン（中国ニンニク）があり、使い分けは個人の好みで OK。タイニンニクは小粒で、薄皮ごと石臼でつぶして使います。

ホームデーン

　タイ料理では、日本人がタマネギを使うのと同じぐらいの頻度で登場する赤シャロットです。しかし最近はタイでも、ヤムやラープなどのあえ物など、以前はホームデーンを使っていた料理に紫タマネギを使うことが増えてきました。

レモングラス

　タイ語ではタクライ。日本のスーパーでは、葉のほうを見かけることが多いですが、タイでは根元に近い部分を料理に使います。トムヤムクンやチムチュム（鍋）の香りづけの他、輪切りにしてヤムに入れたり、揚げて使う場合もあります。

クミン

　タイ語ではイーラー。クミンといえば日本ではカレーのイメージが強く、インドのスパイスとして主に知られていますが、タイでもゲーンのペーストなどに使います。また、ガパオにもクミン入りのレシピがあります（p102）。クミンはガパオの葉の香りを引き立て、複雑なおいしさを生み出します。

タイカルダモン

　タイ語ではクラワーン。インドのグリーンカルダモンとは別のスパイスですが、同じショウガ科の植物の種子鞘で、サイアムカルダモンの呼び名も。漢方では白豆蔻（ビャクズク）という名前で使われています。マッサマンカレーなどの他、牛煮込み麺のクイッティアオ・ヌアトゥンや、マカロニのように見えるくるくる麺のクイチャップなど中華系のスパイス煮込みやスープの味つけに使われます。東京のタイ食材店では、シナモン、八角、タイカルダモンがセットになって売られていました。

白粒コショウ

　タイ語ではプリックタイ。食材の下味や、スープ、炒めものなど、

ガパオの葉と花

ホーラパー

コブミカンの葉

粉末唐辛子

ニンニク

プリックチンダー（左）と
プリックチーファー

ホームデーン

レモングラス

クミン

タイカルダモン

白粒コショウ

あらゆる料理に使われます。また、白粒コショウ、パクチーの根、ニンニクの3つをつぶしたペーストを、タイではサームグルー（仲良し3人という意味）と呼んで、さまざまな料理に利用します。

黒粒コショウ

タイ語ではプリックタイ・ダム。タイでは白粒コショウのほうがよく使われますが、黒コショウ炒め（パット・プリックタイ・ダム）や、エビの春雨蒸し（クンオップウンセン）のような中華系の料理や、ステーキなど洋風の料理には黒コショウを使います。

生コショウ

タイ語ではプリックタイ・オーン。ぶどうのように連なった緑の生コショウも、タイでは一般的な食材です。炒め物に使ったり、スープに入れたりします。日本でも時期によってタイ食材店で買うことができます。

ロングペッパー

タイ語ではプリックタイ・ヤーオ／ディープリー。インドナガコショウ、ヒハツの名でも知られています。バンコクの料理にはあまり使いませんが、北タイのラープに使用するスパイスミックスに入っており、シナモン、タイカルダモン、八角、クミン、パクチーの種、タイ山椒、花椒など、さまざまスパイスとともに複雑な香りを生み出します。

タイ山椒

タイ語ではマクウェン。北タイのラープに欠かせないスパイスのひとつです。他には炒めものに使ったり、豚肉や鶏肉、魚を素揚げするときの下味など、調べるといくつかのレシピに行き当たりますが、そこまで一般的ではないかもしれません。

ガパオのバリエーションを広げるタイならではの食材

ササゲ

タイ語ではトゥア・ファクヤーオ。タイではササゲが身近な食材。ソムタムに入れたり、ナムプリック（タイ風ディップ）と一緒に食べたり、カノムチーン・ナムヤー（カレーがけ麺）のつけ合わせにしたり。本書では、インゲンを代用品として使っています。

米

タイのお米は、細長い長粒種（インディカ米）です。ジャスミンライスは品種名で、タイ語ではカオ・ホーム・マリと言います。炊くと、日本米とも、同じインディカ種であるバスマティ米とも異なるいい香りがします。インディカ種全般の特徴ですが、日本米に比べて粘度が少なくパラパラしています。

クイッティアオ

お米からつくられた麺の総称です。太さによって、センヤイ（幅広）、センレック（中細）、センミー（極細麺）と呼ばれています。太さのルールが特にあるわけではなく、メーカーによって麺の幅はさまざま。センヤイについては、タイでは乾麺より生麺が一般的です。

春雨

日本で一番有名なタイの春雨料理はヤムウンセン（春雨のあえもの）。他にも、炒めものやスープに入れたりと、日本と似た使いかたをします。麺料理の場合、同じスープと具でも、麺を中華麺、米麺、春雨から選べるメニューもあり、パッタイも春雨でつくってもらうことができます。

カリカリ豚

タイ語ではムークロープ。皮をクリスピーに仕上げる豚バラ肉のローストで、脆皮焼肉（英語ではクリスピー・ポークベリーと呼ばれる）という中華系の料理に似ています。皮つき豚バラ肉に下味をつけて揚げたもので、その名のとおりカリカリの皮の食感がとても美味。タイではカイラン菜と炒めたり、麺のトッピングにしたりします。

ケープ・ムー

豚の皮をサクサク食感に揚げたもの。沖縄のアンダカシー、ラテンアメリカの国々やフィリピンではチチャロン、イギリスのポークスクラッチングなど世界各国で似た食べものがあり、スナック菓子として、料理の材料として日常

黒粒コショウ

ロングペッパー

タイ山椒

ササゲ

米

クイッティアオ

カリカリ豚

ケープ・ムー

的に口にされているようです。タイでは麺のトッピングにしたり、ソムタムと一緒に食べたりと、スナック菓子というよりは、料理に添えるのが一般的。日本のタイ食材店で買うことができます。

クンチアン

台湾の香腸と似ている甘いソーセージです。タイでは、炒飯の具にしたり、ヤムにしたりする他、スライスして炒めたものは、ぶっかけ屋台ごはんの定番トッピングです。本書では自家製のクンチアンを紹介していますが、日本のタイ食材店でも買うことができます。

ネーム

豚肉にうるち米やもち米、春雨などを混ぜ、数日間発酵させてつくります。酸味が特徴で、生のままショウガやピーナッツを添えてビールのつまみにしたり、焼いてもち米と一緒に食べたり、ヤムにしたり、炒飯の具にしたりします。

ルークチン

タイのつみれ。魚、豚肉、鶏肉、牛肉などの種類があり、串刺しにして焼いて屋台で売られていたり、麺やカレーの具などに使います。

ムーヨー

ベトナム風ソーセージ。ベトナムではチャールア、またはゾールアと呼ばれています。原材料は豚肉で、ソーセージというよりも練りものに近い食感。手づくりのムーヨーはバナナの葉で何重にも包んで蒸しますが、スーパーやコンビニではビニールのパッケージに入って売られています。

サバトマト缶

サバのトマト煮の缶詰は、タイの注文料理屋台でおなじみの食材です。炒めものにしたり、ヤムにしたり、スープにしたり。家庭での常備率は日本のツナ缶に匹敵するかもしれません。タイ語ではプラークラポン。

イカチチ

イカの卵胞。タイでは屋台などで串焼きにして売られたり、鉄板焼きにして食べられています。またスーパーでも売られている食材です。タイ語ではカイムック。

ナマズ

日本では珍味の範疇かもしれませんが、タイではよく食べられている魚のひとつで、淡泊な白身がとても美味。屋台などでも一匹丸ごと炭火焼きにして売られています。他にも炒めものにしたり、ラープにしたり、スープにしたりします。日本のタイ食材店でも冷凍のナマズ（丸ごとや切り身）を買うことができます。タイ語ではプラードゥック。

鶏モミジ

鶏の足。タイではカレーやスープに入れて食べることが多い食材です。屋台料理や田舎料理によく使われています。タイ語ではカーガイ。

鶏キンカン

鶏の卵になる前の黄身の部分で、日本ではキンカンの他、腹玉という名称も。タイでは、スープに入れたり、炒めものに入れたりして食べます。タイ語ではカイオーン。

コブクロ

タイでは臓物系のスープや汁麺などにも入っている、比較的よく見かける食材です。イサーン料理の店では、下味をつけて炭火で焼き、辛いタレで食べます。タイ語ではサイタン。

合鴨肉

タイでは、アヒル肉（合鴨肉）は一般的な食材です。タイ語ではペット。クイッティアオ（麺）の具にしたり、ローストダック（ペット・ヤーン）にしたり、屋台やファミレスなどでもよく食べられています。アヒルの卵も鶏卵と同じぐらいよく食べられており、塩卵にしたり、お菓子に使ったりもします。

センマイ

牛の胃。タイ語ではパーキリウと呼び、雑巾という意味です。イサーン料理でよく使われる食材で、鍋に入れて食べたりします。黒センマイと白センマイがありますが、黒センマイの薄皮をのぞいたものが白センマイです。

シャコ

屋台ではあまり見かけませんが、シーフードレストランなどに行けば必ずメニューに載っており、タイの人が好む一般的な魚介類のひとつです。生でナンプラー漬けにして食べたり、ニンニク炒めなどにして食べます。タイ語ではガン。

クンチアン

ネーム

ルークチン

ムーヨー

サバトマト缶

イカチチ

ナマズ

進化し続けるタイ料理を追いかける

ガパオロジー

文・下関崇子

「ガパオロジー」とは「ガパオ学」を意味する私の造語です。「学」というのは、少し大げさかもしれませんが、ここではもっと深掘りしたい人のために、さらにディープなガパオの話題を展開しましょう。まず最初に、タイにおけるガパオの発祥と普及の歴史を見ていきます。次に、タイ人にとってはソウルフードとも言えるガパオという料理の存在感と、タイにおける近年のガパオ多様化の流れを紹介。さらに 1990 年代以降、日本でタイ料理がブームとなり、ガパオが市民権を得ていった時代について。また、日本での「ガパオの葉抜きガパオ」の問題や、外国料理を代用食材でつくることの意味などをめぐりながら、ガパオの世界をひも解いていきます。

▼ルーツを探る料理人の多くが参照する近代タイ料理の原点『メークルア・フアパー』（初版 1908 年）。ガパオに関する記載はないが、炒めもの料理に関するページがある。

あらゆるレシピを見比べる

大学時代にテレビ番組制作関連のバイトを始め、卒業後もタイに移住する30歳までクイズ番組の問題作成や情報番組のネタ出しの仕事に従事。当時はネット全盛時代前夜で、国会図書館や都立図書館に通い、書籍はもちろん全国の地方紙、タウン誌、フリーペーパーなど、ありとあらゆる情報をリサーチしました。そこで調べることの楽しさに目覚め、収集癖も手伝って、タイ料理レシピ本を買い集め、現在 Amazon で購入できる日本語のレシピ本は、ほぼすべて手元に。

そもそも私がタイ料理を手がけはじめたのは、2006年の帰国後、日本のタイ料理店やレシピ本に私がタイで食べていた日常的な惣菜がなく、自分で調べてつくるしかなかったから。タイ語の屋台開業者向けサイトのプロ向けレシピを家庭用に直したり、アメリカ在住タイ人のブログにあった代用食材のレシピからヒントを得たり、多種のレシピを見比べ、再現と試作の日々。そして、あらゆるレシピをリサーチするうち、唯一無二の「究極のレシピ」や「正しいレシピ」を追求するより、無数にあるレシピの中央値や時代変遷を分析したり、バリエーションの多様さを伝えたいという気持ちが強くなったのです。その原動力の源は「あらゆるものを食べてみたい」という食い意地（笑）に他なりません。

▲日本語はもちろん、タイ語、英語のタイ料理本のレシピも参照する。

[国民食として普及]

1. ガパオの歴史

ガパオ炒めの歴史には諸説あり、そのひとつにタイの国王であるラーマ7世（在位：1925～1935年）の治世に広まり、ラーマ8世（在位：1935～1946）、ラーマ9世（在位：1946～2016）の時代で一般に普及したという考えかたがあります。

1988年に出版されたプラユーン・ウルチャダ著『อาหารรสวิเศษของคนโบราณ（昔の人の素晴らしい食べもの）』には、「バジルと唐辛子で炒めた料理は、ここ40年ぐらいで人気が出た」という記述があります。また2009年に出版されたデビッド・トンプソン著『THAI STREET FOOD』にも50年ほど前からある料理だと書かれています。これらの資料から、おおよそ1950年代ごろに一般化した料理なのではないかと推測されますが、1950年代に何かその要因があったのでしょうか？

この時代は、軍人で政治家でもあったピブーンがタイの首相をつとめていました（在任：1938～1944年、1948～1957年）。1939年に国名を「シャム」から「タイ」に改め、西洋文化を受け入れつつ「タイ固有文化」を創設するタイナショナリズム政策の流れの中で、ピブーンは国民食コンテストを開催し、「パッタイ」「ガパオ」「クイッティアオ（麺）」を国民的料理として普及する政策を行いました。それが実を結び、これらの料理が1950年代に本格的に一般化したのではないかと考えられます。

食通のスタット・スコンラタナメティーによれば、1939～1945年は第二次世界大戦中でもあり、手軽に入手できる香辛料や香味野菜が唐辛子とニンニク程度しかなく、中国人の食堂（注文

食堂、アハーン・タームサン）では中華料理の調味料であるオイスターソース、醤油、シーズニングソースなどを使ってガパオがつくられていたのだそうです。

食文化学者であるクリット・ルアラマイが子どものころに中華料理店で食べたガパオは、ニンニクを炒めた後、黒醤油と味噌（中華系調味料のタオチアオ）で肉を炒めてご飯にのせ、目玉焼きをトッピングしたもので、プリッキーヌ入りのナンプラーをかけて食べたと雑誌に書いています。

[諸説あるガパオの起源]

中華料理にも肉や野菜をバジルで炒めるものがあります。それと直接関係するかはわかりませんが、一説にはガパオの元になったのは中華料理の牛肉クミン炒めであると言われています。タイに移住した中国人が、故郷の料理をベースに身近な食材やハーブを使ってガパオ炒めをつくりだしたのだろう、というわけです。

別のガパオ起源説としては、深夜にバンセン（バンコクにも近い海辺の町）のレストランに行った観光客が、店のオーナーと「何かつくってくれ」「何もない」と言い合いになり、それを見かねたコックが肉をバジルで炒めたところ、その味に客が感激したというエピソードもあります。

他にも1957年ごろに、メークロン線路市場（バンコクより70km離れた場所にある1951年にできた市場）の真ん中にある「チャイワットレストラン」が提供した料理がガパオの元祖だという説もあります。

[アユタヤ時代に食文化が発展]

さらに時代を遡ることになりますが、そもそもガパオに必須のハーブや唐辛子などは、いつごろからタイで使われていたのか見ておきましょう。

1492年、コロンブスたちのアメリカ大陸到達をきっかけに大航海時代が始まりました。アユタヤ王朝（1351〜1767年）の都であるアユタヤは、タイ北部からバンコクまで縦断するチャオプラヤ川沿いにあり、水上交通の利便性が高く交易の要所として栄えていました。中国人、日本人、インド人、ベトナム人、カンボジア人、オランダ人、ポルトガル人、インドネシア人など、ピーク時には約40カ国の外国商人がアユタヤで外国人町を形成していたといいます。山田長政が朱印船に乗ってアユタヤに渡った1612年ごろ、アユタヤは人口15万人の大都市で、最盛期には2000〜3000人の日本人が住んでいたそうです。

当時アユタヤに滞在していたフランス人使節、シモン・ド・ラ・ルベールは1687年に、タイの人々は「ガパオなどの香りのよい野菜」を食べると書いているそうです。クリット・ルアラマイは、その記述が現在の「ガパオ」を意味しているかどうかは疑問だと言いますが、ハーブを料理に使っていたことは確かなのでしょう。

当時、アユタヤ人の食事はつつましく、米と少量の干し魚、または塩漬けの魚を、ハーブやニンニクなどのソースで食べ、ガピを珍重していたとの記述もあるそうです。

そしてガパオに欠かせない唐辛子も、この時代にポルトガルから持ち込まれたか、インドやインドネシアを経由して入ってきたと考えられています。

特にアユタヤの人口の10%を占めていたとも言われる中国人による食文化の影響が大きかっ

赤ガパオ、白ガパオ、トゥルシー

日本でも生のガパオをタイ食材店やスーパーなどで買うことができますが、そもそもタイのガパオ（ハーブ）には、主にガパオ・デーン（赤ガパオ）、ガパオ・カーオ（白ガパオ）、赤と白の混合種の3種類があります。日本のタイ食材店で私がよく見かけるのは白ガパオ。赤ガパオは枝や茎が赤紫がかっており白紫の花が、白ガパオは葉や茎も緑で白い花が咲きます。赤ガパオのほうが、香りが強く薬効成分も白ガパオより強いと言われています。ガパオの和名はカミメボウキ、英語ではホーリーバジル、ヒンドゥー語でトゥルシー。ところが、トゥルシーと呼ばれるハーブにも種類がいろいろあり、アーユルヴェーダでは紫色の花をつけるクリシュナトゥルシーの薬効が一番強いと言われているそうです。海外では

北アフリカ原産のカプールトゥルシーが多く、日本では、こちらの気候や土壌に合った改良品種であるオオヤトゥルシーも栽培されています。近年、日本国内でガパオ需要が急速に高まり、ガパオの葉を育てる農家や個人栽培の種をメルカリなどで売る人も増えましたが、一般的なスーパーで「ガパオ」として売れられているハーブが、タイの「ガパオ」とは微妙に違うこともあり、日本ではガパオとトゥルシーが混在しているのかもしれません。

▲タイで売られている赤ガパオ（左）と白ガパオの種子。

たようですが、すでにこの時代に炒めもの料理が存在したのかどうかは不明です。

[書物やレシピ本から見るガパオ]

ラーマ2世（在位：1809〜1824年）が宮廷での食事を綴った叙事詩には、世界一おいしいカレーとして有名になったマッサマンカレーや、牛肉サラダ（プラー・ヌア）などについての記述があります。しかし、まだ炒めものは登場しません。

ラーマ5世（在位：1868年〜1910年）に関する書物には、唯一の炒めもの料理として、中国人コックがつくった青菜炒め（パット・パッカート）を食べた、とあります。

近代タイ料理の原点と考えられている1908年初版の『メークルア・フアパー』というレシピ本

には、豚肉と豆腐の炒めもの、炒飯、エビとプリックチーファーの炒めもの、サヤエンドウ・豚肉・エビの炒めものなど、炒めもの料理が数品掲載されていますが、ガパオらしき料理は見当たりません。

もしかしたら『メークルア・フアパー』の時代には、すでにガパオ炒めが存在していたかもしれませんが、今のようにタイ料理を代表する一品となったのは、やはり1950年代であると考えられます。ちなみに、1968年と1970年に出版された2冊のタイ料理書には、すでに現在のガパオに近いレシピが掲載されており、本書のp098とp099で写真とともに紹介しています。

[ガ・プラオとグラ・プラオ]

ガパオの表記の問題にも触れておきましょう。

タイ語が読める人は、「ガパオ」のタイ語表記が2種類あることを知っているかもしれません。กะเพรา と กระเพรา です。食堂や屋台のメニューにも、この2種類が混在しています。ゆっくり丁寧に発音すると、前者は「ガ・プラオ」、後者は「グラ・プラオ」となります。1999年刊行の『Royal Institute Dictionary』によれば、草花の名前として「ガ・プラオ」の表記が掲載されています。

正しいのは「ガ・プラオ」なのですが、実際に発音されると「ガ・パオ」とRの音が脱落する傾向があり、他の単語でも、RやLの脱落傾向を自覚するタイ人が、正しく発音・表記しようとするあまり混乱し、Rの音が余分に多い「グラ・プラオ」という表記が生じてしまった、と言われています。タイのクイズ番組で「ガ・プラオとグラ・プラオ、正しいのはどっち?」と出題されるほどです。

じつは、すでに紹介した1968年のレシピ書が「グラ・プラオ」の表記になっており、すでにこのころから「Rの混乱」が生じていたことが見て取れます。本書のタイ語表記にも、意図的に「ガ・プラオ」と「グラ・プラオ」を混在させていますので、探してみてください。

また、日本では「ガパオ」と、「ガ」にアクセントを置いて発音していますが、タイ語の発音(声調)では「ガ」にアクセントを置かず、平坦に「ガプラオ」と発音します。

[3つのバジル]

タイで使われているバジルは、ガパオだけではありません。タイ料理でよく使われるバジルには、

ガパオ(ホーリーバジル)、ホーラパー(タイバジル、スイートバジル)、メーンラック(タイレモンバジル)の3種類があります。同じシソ科メボウキ属なので、見た目は似ていますが、よく見るとそれぞれ特徴があり、香りも違います。

ガパオの葉は、ガパオ炒めにする他、クリアタイプのトムヤムスープに入れたり、ゲーン・パー(森のカレー、ジャングルカレーとも訳されている)に入れたりします。

ホーラパーは、グリーンカレーやレッドカレーに入れたり、イサーン料理のチムチュム鍋の味つけにする他、ラープ(ひき肉のスパイシー和え)や、カノムチーン・ナムヤー(つけ麺)などのつけ合わせとして、そのまま食べたりもします。また、ナス炒めやカボチャ炒め、アサリ炒めなどにも使います。

▲惣菜屋台などでも売られているホーラパーが入ったなす炒め。

料理によって、使うバジルがガパオなのかホーラパーなのか明確に分かれているものと、パット・キーマオ(酔っ払い炒め)のように、レシピやつくる人の好みによってガパオの葉を入れたり、

台湾バジル九層塔と泰式打抛

台湾料理には中華系タイ料理と似ているものがたくさんあります。バンコクは、広東省の潮州市や汕頭市、福建省、海南省といった中国南部出身の華僑が多く、これらの地域が台湾と地理的に近いことと関係があるのかもしれません。台湾の家庭料理にも、塔香牛肉や塔香茄子といった牛肉やナスをバジルで炒めた料理があり、それらに使われるのが台湾バジル「九層塔」です。見た目はどちらかというとホーラパー（タイバジル、スイートバジル）に近いかもしれません。台湾の名物料理「三杯鶏」は、ごま油でニンニクと生姜を炒め、鶏肉を加えて、醤油、米焼酎、砂糖、九層塔を加えて煮込んだ料理で、なんとなくガパオを彷彿とさせます。この三杯鶏は江西省の客家料理がルーツであり、ガパオと

何か関係がある可能性も。

また、台湾では泰式打抛（タイ風ガパオ）が定着しており、レトルトまで売られています。豚、牛、鶏のひき肉を使ってナンプラーで味つけし、九層塔を加える台湾のガパオですが、赤パプリカが定番の日本のガパオと違い、トマトを入れるのが特徴のようです（p108）。

▲メルカリに出品されていた「台湾バジル」の苗。

ホーラパーを入れたりするものがあります。

メーンラックは、ガパオやホーラパーに比べると使用頻度は落ちますが、柑橘系の爽やかな香りで、具だくさんスープのゲーン・リアンなどに入れます。日本でも爆発的に流行ったカエルの卵のような見た目のバジルシードは、メーンラックの種で、タイでもジュースや豆乳などのドリンクやゼリーなどのデザートに入れたりします。

▲バジルシード入りのカラフルなゼリー。

2. タイ人とガパオ

[ガパオは
ソウルフード]

ガパオはタイを代表する料理のひとつではありますが、タイ人にとっては、日本人にとっての寿司・天ぷらのような「ごちそう」ではありません。どちらかというと「特にこれといって食べたいものが思い浮かばなかったときに頼む料理」というような存在です。日本人が、お昼にコンビニでおにぎりを手に取る感覚に近いかもしれません。

タイ料理に関するFaceBookページで、「食べ過ぎて飽きているのに、つい頼んでしまう料理は何?」というお題が投稿されたときも、筆頭にあがったのが「ガパオ」でした。ちなみに、他にはカイラン菜とカリカリ豚炒め（パッカナー・ムー・

クローブ）、豚ひき肉入り卵焼き（カイチアオ・ムーサップ）、炒飯（カオパット）などが並んでいました。

FaceBook には、タイ人によるガパオに関するグループが乱立し、日々さまざまなガパオについての写真とコメントが投稿されており、いかに彼らがガパオを愛しているかがうかがえます。「ヨーロッパ旅行から帰ってきたら、まずガパオを食べる」というコメントに共感する人も多く、在外日本人が一時帰国をしたとき、到着早々空港のコンビニでおにぎりとお茶を買うようなもので、ごちそうではないけれど、なくてはならないソウルフードなのかもしれません。

[ネタとしてのガパオ]

タイ人のガパオ観がうかがえるエピソードをふたつ紹介しましょう。

ひとつは、本書 p105 に掲載した「タイ米アイスのガパオ添え」です。これはタイのスウェンセンズ（アメリカ発のアイスクリームショップ）のエイプリルフールネタ（2021 年）でした。日本のサーティワンのように、タイにおけるスウェンセンズは、どこのショッピングセンターにもある定番のお店です。

エイプリルフールネタの「新メニュー」は、「タイ米アイス＋おかず」で、おかずは 4 種。そのひとつがガパオで、他はゲーン・リアン、豚肉といんげんのレッドカレー炒め、バイリアン（グネモンの葉）と卵の炒めもの、でした。

もうひとつのエピソードは、「マンゴーガパオ」です（p105）。ことの始まりは 2022 年に開催されたアメリカの音楽フェス。そのステージで、タ

イ人アーティストの MILLI がカオニャオマムアン（ココナッツもち米とマンゴー）を食べるパフォーマンスをしたことから、SNS で話題になり、みんながこぞってカオニャオマムアンを食べる動画や写真をアップするようになりました。

そんななか、タイの食堂が運営する TikTok のアカウントが「カオニャオマムアンはないけど、マンゴーガパオならあるよ〜」と投稿してネットニュースに。

このように、エイプリルフールや、何か流行りの話題があったとき、すかさずガパオネタが登場し、それがちゃんとウケるのです。そんな様子を見るにつけ、タイにおけるガパオの国民食としての不動の地位を感じます。

[ササゲ論争勃発！]

日本のガパオには、赤パプリカ、黄パプリカ、緑ピーマンやタマネギなどの野菜が使われますが、タイでひき肉のガパオに入れる野菜の筆頭はササゲです。もともとタイでは野菜なしが主流でしたが、1990 年代なかば以降、彩りやかさ増しのために野菜を入れるようになったとも言われ、最近では一周まわって「野菜不要論」をとなえるタイ人が増えました。

そんな流れの中で、「ササゲ」を入れるのは邪道であるとして、2021 年に「ササゲ論争」が勃発。SNS を中心に盛り上がり、1970 年のササゲ入りのレシピ（p099）が出てきたことから、ササゲ入り派に軍配が上がりましたが、その後、1968 年のササゲなしのレシピ（p098）が持ち出されササゲなし派が有利に。

今のところ論争に決着はついていませんが、タ

家庭菜園でガパオを大量に収穫する

ガパオの種を入手すれば、ガパオを育てることができます。ガパオの種はタイ食材店などで販売していることも。種を蒔くと2カ月ぐらいで収穫ができるので、4月〜6月ぐらいの時期に何回かに分けて種蒔きすれば、時間差で楽しむことができます。

種はゴマぐらいの大きさで、プランターや植木鉢に蒔けばOK。種を10分ほど水につけ、かえるの卵のように水を吸ったら、霧吹きでしめらせた土の上に、スプーンで水ごとすくって置きます。日当たりのよい場所で、水やりも忘れずに。同じ種でも蒔く時期や日の当たり具合で、葉の育ち具合が全然違ったりします（私が試した範囲では、日向のガパオは葉が硬めで小さく、日陰はやわらかく大きくなりました）。大量に収穫でき

たら、冷凍保存（p129）や自家製ガパオソース（p088）をつくるのがおすすめです。

▲大量に収穫できれば気軽に使えて、いろいろなガパオ料理のレシピを試せる。

イ人のガパオ好きの間では、なにかにつけて盛り上がる話題となっています。ジョークネタとして、「ササゲだけのガパオ」（p051）をSNSにアップしたガパオ愛好家までおり、センスのよさに笑ってしまいました。

［ガパオに入ってたらガチで無理！］

ガパオ、何入れるのが許せない？

こんなお題が、WongnaiというタイのグルメサイトのFaceBookページに投稿されました。もし和食になぞらえるなら、「おでんの具に何が入っていたら許せない？」といった内容に近いかもしれません。

「洗っていない皿に入れる」「よだれ入り」「肉が少なすぎ」「ガパオが入ってない」「ホーラパー入り」と、5000件以上のコメントで大喜

利状態になっていましたが、やはり「ササゲ」は定番ネタなのか、かなりの「許せない」コメントがありました。他には、一昔前の屋台や食堂などでガパオに入りがちな野菜であるタマネギ、ニンジン、ベビーコーン、プリックユアック（ピーマンとパプリカを足して割ったような野菜）なども挙がっていました。

また、トマト、ナス、キュウリ、カイラン菜（パッカナー）といった、一般的にガパオには入れない野菜も話題に上り、「こんなのが入っていた！信じられない！」「これが入ってたら、ガチで無理！」といったコメントが集まりました。

［無限ガパオの時代］

ガパオの葉で炒めた料理は、すべて「ガパオ」と呼ぶことができます。

とはいえ、メインとなる食材には何を使うのか？ ガパオの歴史を紐解くと、初期のガパオは牛、豚、鶏などの肉類でした。

私がタイに住んでいた2000年ごろは、豚、鶏、牛、エビ、イカなどがフードコートで食べられるガパオの定番食材で、中華系食堂などではピータンガパオ（p061）が加わる程度のバリエーションでした。

ところがここ10年ぐらいで、バンコクを中心に「ガパオ専門店」が続々と登場し、鶏肉ひとつにしても、定番のひき肉ガパオ、肉を大きめに切ったガパオ、ガイヤーンのガパオ、鶏軟骨のガパオというようにバリエーションが増えたり、サバトマト缶のガパオ、牛スジ煮込みのガパオ、ベーコンのガパオなど、店独自の変わり種も数多く登場しています。

本書でもガパオ専門店のメニューや、料理系タイ人YouTuber、ガパオ愛好会、タイ料理レシピサイトなどでアップされたアレンジガパオを多数紹介していますが、日々、新しいガパオが登場し、ガパオバリエーションはとどまるところを知りません。まさに、「無限ガパオ」です。

日本の江戸時代には、人気食材である豆腐のレシピばかりを掲載した料理書『豆腐百珍』がベストセラーになりました。本書はいわば『ガパオ百珍』を目指していましたが、最終的に掲載したガパオは百を超え130種類となっています。

［目玉焼きは、固焼きか半熟か］

日本では「目玉焼き」がガパオに必要不可欠なアイコンになっていますが、タイではオプションあつかい。「目玉焼きつきで」と頼まなければ、目玉焼きなしのガパオが出てきます。とはいえ、タイ人がガパオに目玉焼きをつける割合は、日本人がラーメンに煮卵をつける割合より多い気がします。鶏卵がほとんどですが、黄身が鮮やかなオレンジ色のアヒルの卵の目玉焼きの場合も。

目玉焼きは、半熟の卵黄をライスとガパオ炒めにからめて食べるのが好きな人が多いと思いますが、タイでは焼くときに熱い油をまわしかけ、黄身までしっかり火を通す店もあります。卵を生食する習慣がなく、流通も炎天下のトラック、屋台でも店先のショーケースに並べるので、日本とは事情が違います。そのため火の通し加減を指定する客、火の通し加減を客に確認する店も多いようです。

最近では、ガパオに添える卵のバリエーションとして、半熟のスクランブルエッグ、温泉卵などを見かけることも。薄焼き卵にして巻いたり、卵そのものをガパオにするなど、本書でもたくさんのアレンジを掲載していますので、「卵視点」のガパオもぜひ楽しんでみてください。

▲固焼きと半熟、ふたつのスタイルで目玉焼きを焼き分けてみても楽しい。

ガパオの葉の冷凍保存法

生のガパオの葉を購入したら、なるべくビニール袋に入った購入したときのままの状態を保ち、野菜室に入れて早めに使い切ります。まとめ買いをしたときや、家庭菜園でたくさん収穫できたときは、冷凍保存もおすすめです。

鍋に湯をたっぷりわかし、塩を入れ、ガパオの葉をさっとゆでて（10秒程度）、氷水にとります。少量ずつ分けてギュッと絞ってラップに包むか、ジッパーつき保存袋に入れ冷凍庫で保存します。使うときは自然解凍かレンジの解凍機能を使います。

▲ガパオの葉をさっとゆでて、

▲氷水で急速冷却する。

▲冷却出来たら水分を絞って、ジッパーつき保存袋に入れて冷凍庫へ。

［ポロポロそぼろ肉はガパオにあらず？］

日本にガパオが急速に普及したころ、ガパオと言えば三色そぼろ丼の鶏ひき肉のような、ポロポロのそぼろ状態でした。日本では、鶏そぼろを菜箸4〜5本ぐらいで常にかき混ぜてつくります。そのため、ガパオもその和食の習慣に引っ張られてポロポロにつくる人が多かったのだと思います。

かくいう私もポロポロのそぼろのようなガパオをつくり、タイ人の夫に「これはガパオではない」とダメ出しをくらった経験があります。夫は、あまり料理に関して口うるさい人ではなく、イタリアンバジルで代用したガパオも、こっちのほうがおいしいと喜んで食べるほどです。そんな夫の数少ないダメ出しのひとつが肉の状態だったのです。

日本料理でたとえるなら、湯豆腐に入っている豆腐が1.5cm角ほどの味噌汁に入れるような小ささだったら、「これは湯豆腐ではない」とダメ出しをしたくなりますよね。そんな感覚に近いのかもしれません。

バンコクのタイ料理シーンを一新したと言われる有名なレストラン「ナーム」のシェフだったデビッド・トンプソンは、著書の牛肉ガパオのページで、「やや粗めのミンチがベストで、手で処理をすれば理想的」と書いています。つまり、かたまり肉を包丁で叩くわけです。こうして処理した肉の方が、ミンサーで細かく挽いたミンチ肉より食感も豊かでおいしいのは、感覚としてわかってもらえるのではないでしょうか。

ひき肉の場合は、ポロポロに炒めるのではなく、ハンバーグのタネようにかたまった状態でフライパンに入れ、ヘラでフライパンに押しつけてから切るようにして、ポロポロの部分と、ややかたまった部分が混在するようにします（p012）。こうすると、肉のテクスチャーに変化が生まれ、雰囲気のある仕上がりになります。

3. 日本人とガパオ

[ミント、青じそ、
イタリアンバジル]

　ここまで、タイにおけるガパオの歴史と、タイ人にとってのガパオについて見てきました。ここからは日本でのガパオの歴史と、日本人にとってのガパオについて解説していきます。

　まず、日本語のタイ料理レシピ本に出てくるガパオについて。

　1991年発行の『タイ家庭料理入門』（うめ子ヌアラナント、安武律・共著）にガパオは掲載さ

▲『タイ家庭料理入門』（うめ子ヌアラナント、安武律・共著　1991年）

れていません。でも、「ハーブとともに具材を炒めた料理」というくくりで視点を広げれば、「牛肉の唐辛子炒めミント風味（パッ・ペッ・ヌア）」のレシピが目に入ってきます。

　本文の料理紹介によれば、1週間に1回はつくる料理で、日本人の中には、この料理を食べるためにタイに行きたいという人もいるとか。レシピは、牛肉とタマネギをニンニク、唐辛子で炒め、味つけは、クンケン（クルアンゲーン、レッドカレーペーストと思われる）とオイスターソースなど。ホーラパー（タイバジル、レシピでは代用としてミントを提案）を加えて炒めます。

　この「パッ・ペッ（直訳は辛味炒め、日本ではレッドカレー炒めと訳されることが多い）」とい

う料理は、現在でもタイ料理の定番で、本書p105に掲載したスウェンセンズのエイプリルフールネタにもあった豚肉とインゲンのレッドカレー炒めの他に、ナマズ、イノシシ肉、牛肉、カエルなど、さまざまな具のバリエーションで食べられています。

　続いて1994年発行の『家庭で楽しむ本格タイ料理30』（氏家昭子著）には、「鶏肉の青じそ炒め（ガイ・パァッ・バイカッパオ）」が掲載され、揚げた青じそをトッピングしています。味つけはレッドカレーペースト（おそらく唐辛子の代用）とナンプラー、砂糖です。野菜はしめじ（ふくろ茸の代用）、プチトマト、赤ピーマン、赤タマネギ入りです。

　そして、我らがガパオを表紙に掲載した2001年発行の『旬の素材でタイ料理』（竹下ワサナ著）では、タイのオフィス街で人気の昼食メニューとして「鶏肉とイタリアンバジルの炒め物（パット・バイホラパーイタリー・ガイ）」が紹介されて

▲『旬の素材でタイ料理』（竹下ワサナ著　2001年）

います。ガパオの代用としてイタリアンバジルを提案していますが、味つけはシーイウ・ダム、ナンプラー、砂糖で、目玉焼きを添えるなど現在おなじみのガパオと変わらず、野菜類は入っていません。

　日本のタイ料理黎明期に出版されたレシピ集を見ると、当時はまだ入手が難しかったガパオの葉やホーラパーといったタイのハーブを、ミント、青じそ、イタリアンバジルで代用してきた歴史がうかがい知れます。

下関家の日常的ガパオ・ライフ

タイ人の夫もガパオをつくるのですが、見ていると、かなりテキトーにやっています。日曜日の午後、音楽をかけてお酒を飲みながら、材料の計量もしないし、調味料も瓶から逆さにして振って、味つけもかなりざっくり。唐辛子の量がハンパなく、結局、大量に皿に残したりします。赤唐辛子がないときは青唐辛子でつくることも。

また、ガパオを子どもたちの弁当にすることもあります。娘は「友達にうらやましがられた」と大絶賛ですが、息子はガパオの葉が苦手らしく、いつも残すので「ガパオの葉を入れるからガパオなんだけど」というと、「オレはそれ（本物のガパオ）を求めていないから」と、あっさり。そんな三者三様の、我が家のガパオ事情です。

▲タイ人の夫と、本人作の青唐辛子のガパオ。

［タイ料理が日本人にとって身近に］

日本人の海外旅行が自由化されたのは1964年。それ以前は就業や移住、留学などの目的がなければビザは発行されませんでした。1970年代にジャンボジェット機が導入され、航空運賃の値段が下がったことで、海外旅行が一気に身近になりました。

1978年には成田空港（新東京国際空港）も開港し、1980年代にバブル時代を迎えるとブランド品やグルメ、エステなどを目的とする20代女性や、長期の休みを利用してバックパックで世界中を旅する学生なども増えていきました。

物価の安さだけでなく、旅行のハブ地点としてタイを経由する旅行者が多かったことから、バックパッカーの聖地と言われたバンコクのカオサン通りには、世界各国から旅行者が集まりました。『進め！電波少年』で、猿岩石がヒッチハイクをしたのは1996年のこと。

タイ国際航空のCM「タイは、若いうちに行け。」（1995年からシリーズで放送）の影響もあり、日本でも旅行先としてタイが人気となり、リゾート地であるプーケット島は、常に新婚旅行先ランキング上位に。タイ料理の魅力にハマる人も増え、東京でもタイ料理店が続々とオープンするようになりました。

1990年代は在日タイ人も増え（不法就労も多く、ウィキペディアによれば1993年の遺法滞在者は55,380人）、在日タイ人向けのタイ料理店やカラオケ店（タイカラ）にも、タイ料理好きの日本人が通うようになりました。

タベアルキストのマッキー牧元氏の現代ビジネスの記事（2014年）によれば、日本で一番古いタイ料理店は、1979年オープンの「チェンマイ」（有楽町）。その後「バンコク」（六本木）、「バンタイ」（新宿）、「ゲウチャイ」（錦糸町）、

「ピッキーヌ」（阿佐ヶ谷）、「チャンタナ」（中目黒）、「レモングラス」（銀座）などが続々とオープン。1990年代には新宿・大久保界隈に50店ほどのタイ料理店があったそうです。

[ガパオの葉抜きガパオ]

　1980年代後半から1990年代の日本ではエスニック料理がブームに。タイ料理店やベトナム料理店が人気となり、カフェブームが到来した2000年代は、多国籍ワンプレートのカフェめしとしてタイ料理やベトナム料理（生春巻きやフォー）などを出す店も増えました。

　しかし当時は、ガパオの葉が入っていないガパオが当たり前で、日本人コックの店だけでなく、タイ人が調理するタイ料理店でさえ、それが珍しくありませんでした。

　どうして、こんなことが起こったのでしょうか。食文化は多面的な要素を含むので、一概に断定することはもちろんできませんが、ここでは私の推測を書いておきましょう。

　まず、さまざまな機会に「ガパオ」にふれる日本人が増えたものの、ガパオの葉の存在よりも「スパイシーひき肉炒め＋ライス＋目玉焼き」という料理の形式の方に多くの日本人の目が行ってしまって、「ガパオ＝ホーリーバジルの葉」という認識が広まらなかったからではないでしょうか。キャッチーな料理の形式だけでなく、ガパオの葉が日本では手に入りにくい、入手できてもコストがかかりすぎる、という理由もその状況を後押ししたと思います。

　そして、もうひとつの要因として、当時の日本人の多くにはガパオの葉の香りの良さがわから

なかった、ということがあるのではないでしょうか。

　ガパオの葉とホーラパーを比べてみるとわかると思いますが、ホーラパーはイタリアンバジルに近い香りがし、香りの強さも華やかさもガパオの葉に勝っています。対して、ガパオの葉は比較的香りが弱いだけでなく、独特の土っぽいような香りが、当時の日本人にとってかなり未知のものだったと思われます。

　入手しづらい、コストがかさむ、そもそも香りの良さがわからない、しかし料理の形式だけはキャッチー。こうした複合要因が、ガパオの葉抜きガパオを生んだと私は見ています。

　さらにブログやクックパッドなどの一般ユーザーによるレシピ投稿が全盛となり、「タイ旅行で食べたガパオを再現しました♥」といったガパオの葉抜きのレシピが検索にヒットするようになったり、タイ専門でない料理ブロガーや料理家の台頭で、ガパオの葉の入っていないレシピが大量に出回り、それを見たユーザーが実際につくったり、「カフェめし」として飲食店でも提供されたりするうちに、ガパオの葉抜きガパオが市民権を得ていったと思われます。

　これは、いわば「間違ったタイ料理の流布」ですが、見かたを変えれば、それが日本の食文化にある程度受け入れられたからこそ、身近な材料だけで「ガパオ」をつくることができ、ガパオそのものの普及へと繋がったとも言えるのではないでしょうか。

袋麺にもガパオの葉をちょい足しする

　家庭菜園で大量にガパオの葉が収穫できるようになり、ガパオ三昧の日々を過ごすなかで、タイ人の夫が考案（?）してハマったのが、韓国の辛ラーメン（袋麺）のガパオ入り。普通に袋麺をつくり、卵を割り、たっぷりガパオの葉を足します。冷凍パスタ（ボンゴレロッソ）をチンしてガパオの葉を混ぜてみたり、ガパオの葉と生のレモングラスに熱湯をそそいでハーブティーにして飲んだり、ナンプラーと肉団子の薄味スープにたっぷりガパオの葉を入れるなど（ニンニクチップをトッピング）、ちょい足しを楽しんでみてください。

▲タイ人の夫が考案した「ガパオ辛ラーメン」。

［給食ガパオ、コンビニガパオ、レトルトガパオ］

　その他、日本におけるガパオの普及に貢献したものに、学校給食、コンビニやスーパーの惣菜弁当、レトルトや調理キットの登場などがあります。

　日本のコンビニで初めてガパオが登場したのがいつだったのか定かではありませんが、Googleで「ガパオ　コンビニ」のキーワードを期間限定で検索すると、すでに2007年にはファミリーマートが「東京高田馬場ティーヌン監修」の「ガ

▲下味がついて具も入った、炒めるだけの「ガパオMEAT」がスーパーで売られていた。

▲こんなガパオが完成。

イパットガパオ」を発売していました。ちなみに
ティーヌンは、トムヤムラーメンを考案した店でも
あります。

　ファミマの「ガパオ」にはガパオの葉の姿はな
かったようですが、レトルトタイカレーのライン
ナップが豊富なヤモリから2007年に新登場
した「鶏肉のバジル炒め」には、しっかりとガパオ
の葉が入っていました。ヤモリは2011年に
ガパオの合わせ調味料も発売しています。

　2013年には、缶詰のいなばから「とりそぼろ
とバジル」が発売。同じく2013年セブンイレブ
ンで「タイ風鶏肉のバジル炒めごはん」が登場。
2014年には無印良品から「手作りキット　ガパ
オ」が販売されました。

　ファミレス業界でも、2013年ロイヤルホストで
ガパオライス風の「タイ風スパイシーチキンライ
ス」がオンメニュー。お弁当業界では、ほっともっ
とが2013年「ガパオライス」の発売をスタート。
現在でも夏の風物詩的なメニューになっています。

　S&B食品からは2016年に、「S&Bシーズニ
ング　アジアンツアーズ　タイシリーズ」のひとつ
としてガパオを発売、2021年にはハウス食品から
カレールーのようなガパオソースが発売されたり、
スーパーでも下味がついて炒めるだけのひき肉
が売られるようになったり、家庭でも「お手軽ガ
パオ」を楽しむ人が増えました。

　また学校給食でも食育の一環として定期的に
外国料理が提供されたり、特にオリンピックイ
ヤーは世界各国料理が登場することも多く、日本
でのガパオの知名度はかなり高くなりました。

4. 自由なタイ料理「ガパオ」

［ガパオ＝ハーブの名前ではあるけれど］

　ガパオの普及に貢献したとはいえ、「ガパオの葉抜きガパオ」が市民権を得ていくと、当然「これは、本物のガパオではない」という声が、あちこちで聞かれるようになります。

　食べログや、食べ歩きを趣味にする人たちのブログ、TwitterなどのSNSでも「ガパオの葉が入っていなかった」との指摘が増え、近年は「ガパオはハーブの名前であり、そのハーブを使ったものがガパオである」という、本来のガパオ炒めの定義が急速に浸透しつつあります。SNSなどの情報だけでなく、タイ食材店や、場合によってはスーパーの産直野菜売り場のような場所でもガパオの葉が売られるようになった時代背景も関係していると思います。

　しかし、ここまで「ガパオの葉抜きガパオ」が普及すると、「本来、ガパオというものはガパオの葉が入っているものですが」という前置きをしておきながら、「ガパオの葉抜きガパオ」をあえて「ガパオ」として認めるような流れも散見されるようになりました。

　例えば、オフィス街やスタジアムなどにキッチンカーで出店している「スマイルデリ」は、「ガパオの葉抜きの創作料理ガパオ丼」を提供しており、SNSでのつぶやきを見ると、「ガパオ風丼」の熱烈ファンも多いようです。

　他にも茨城県では観光名物として2022年に「いばらきガパオ」を提案。茨城が生産量トップを誇るレンコンと、茨城県産のお米、茨城産の鶏肉と鶏卵を使ったものならガパオの葉の有無は

下関崇子の極私的ベスト・ガパオ

これまでさまざまなガパオをつくってきましたが、個人的に好きなベスト5を発表します。1位フライドポテトのガパオ（p053）。とにかく簡単。2位は炒り卵のガパオ（p058）。ふわとろがおすすめ。3位はミートボールのガパオ（p024）。ひき肉のガパオと材料はほぼ同じでも、まったく違う料理になる衝撃でランクイン。4位は牛スジ肉のガパオ（p022）。単に牛スジが好きなだけかもしれませんが。5位は白子のガパオ（p032）。これも単に白子が好きなだけかも。もちろん、他にもおいしいガパオはたくさんありますが、ほとんどが「そりゃおいしいだろう」と想像の範囲内だったため、ギャップの大きかったダークホースを上位にしました。

▲ 1位 フライドポテトのガパオ

▲ 2位 炒り卵のガパオ

▲ 3位 ミートボールのガパオ

不問。茨城県内の協力飲食店で食べることができます。

[**ガパオバーガーにガパオポテチも**]

タイでは、ガパオ炒めに使用するメイン食材のバリエーションが増える方向でガパオの世界がどんどん広がり、その後、既存のタイ料理をガパオ味にアレンジするパターンが出てきました。

日本では食材のバリエーションよりも「ガパオ味の〇〇〇」が増えており、その多くは飲食店チェーン、コンビニ、大手食品メーカーが提供するものです。どういった商品が販売されてきたのか、見ていきましょう。

ファミリーマートが2013年に「ガパオ風サンド」（サンドイッチ）、2014年には「ガパオおむすび」を発売。

ハンバーガーチェーン店のフレッシュネスバーガーでは、2015年と2016年に「タイフードフェア」を開催し、生パクチーをトッピングしたガパオバーガーが登場しました（他にグリーンカレースープと春雨サラダも）。

ミニストップは、2014年に「カリまんガパオ」、2017年に「揚げピザ（バジルチキンガパオ風）」、2019年に「ガパオまん」を発売。

2016年にはオーザックのガパオ味、2023年には西友のお墨付きシリーズからガパオ味のポテト

▼西友が発売した「みなさまのお墨付き ポテトチップス ガパオライス味」。

チップスが販売されました（タイでは以前よりポテトチップスブランドの Lay's よりガパオ味がときどき発売されています）。

さらに、2022 年にはセブンイレブンから「旅するブリトー」のシリーズのひとつとして「ブリトーガパオチーズ」が発売されました。

［インネパ料理店のガパオ］

一昔前はタイ料理とベトナム料理の両方を出す店がわりと多くあり、ランチタイムになるとグリーンカレーとフォー、小鉢で生春巻きといった組み合わせをよく見かけたものです。

ところが近年は、インド料理店やインネパ（インド、ネパール）料理店でガパオやグリーンカレーがメニューに載っているのを見るようになりました。ちなみに食べログでタイ料理を検索すると2244 件が出てきますが（2023 年 4 月現在）、上から見ていくと、お店のカテゴリーを「タイ料理、インド料理、インドカレー」としている店も多くあります。

タイ料理ファンも取り込もうという理由かどうかは定かではありませんが、p108 でも紹介したように、ターメリックライスに、鶏肉をスパイシーに

▲インネパガパオの例（ともに著者がテイクアウト、店内で食べたものを撮影）。

炒めたものを合わせ、目玉焼きをのせた「インネパガパオ」を見かけることもあります。

インドやネパール現地でも、このようなガパオのつくりかたをするのかは不明ですが、当然、日本以外の世界各国にもタイ料理店が存在し、ガパオが食べられているはずで、在外ガパオがどう発展していったのかは大変気になるところです。本稿の前半で触れた「ガパオ、何入れるのが許せない？」ではないですが、タイのガパオ愛好会や料理関連の SNS では、ときどき在外タイ人が体験した「あり得ないガパオ」の投稿が流れてきます。そこで本書でも、写真とコメントを元に再現してみました。

ひとつ目はアメリカのガパオ（p109）。コメントによれば、アメリカではガパオの葉ではなくホーラパーを入れる店が多いそうです。

ふたつ目はドイツのガパオ（p109）。「キュウリが入っていた！」とのことですが、アメリカとドイツ、どちらにもキュウリが入っていたのは、タイのキュウリは日本のものよりも太く、アメリカやドイツにあるキュウリと見た目が近いからなのかもしれません（タイではガパオにキュウリは入れませんが）。

トリップアドバイザーなどで NY やベルリンのタイ料理店の写真を見ると、しっかりタイ現地風を再現した料理も多いので、このふたつがアメリカ、ドイツを代表するガパオというわけではもちろんありません。しかし、日本のインネパガパオのように、どこかの街のどこかの店で、独自進化を遂げたガパオに出会えるかもしれないという思いは、つねに食文化への探求心を刺激します。

ちなみに、先日たまたまタイ人の夫が見ていたタイの TikTok によると、在外タイ人が一番多い国はアメリカで 50 万人、2 番目はオーストラリア

微妙過ぎた創作ガパオたち

2022年8月1日から31日まで、誰からも頼まれていないのに「毎日ガパオをツイートしよう」と1カ月チャレンジをしました。そのほとんどは本書に掲載しましたが、没ガパオとなったのが3つ。「ゴーヤーチャンプルーガパオ」「雷こんにゃくガパオ」「みたらし団子ガパオ」です。「ゴーヤーチャンプルーガパオ」は、「ご当地ガパオ」としてつくれないかと思い浮かんだのですが、ゴーヤーとガパオの相性が微妙でした。「雷こんにゃく」は、味のしみ込み加減がこれまた微妙。「みたらし団子」は、醤油、砂糖でガパオとかぶるので絶対合う！と思ったのですが、リピはなし、という感想です（笑）。

▲雷こんにゃくガパオ（上）とみたらし団子ガパオ。

で10万人、3番目が日本で9万人、ドイツは6位で6万人だそうです。

[料理の「骨格」と「エッセンス」を探る]

私は常々、日本でタイ料理をつくるときは、本場の食材や調味料に忠実であるよりも、料理の「骨格」や「エッセンス」を大事にしています。レシピ本やウェブサイト、YouTubeなどで複数のレシピを見比べて、食材や調味料など、料理の「骨格」をつかみ、何が料理の肝となるのかを探ります。「葉もの野菜」、「白身魚」、「酸っぱい」という「骨格」や「エッセンス」を拾って、日本で入手できるものに置き換えています。

では、ガパオの「骨格」や「エッセンス」とは何でしょうか？

130種類ものガパオをつくった私なりの答えは、「油脂で、臭み消しと辛さをつけるもので食材を炒めて、塩分系調味料、コクうまみ系調味料、甘み少々を加えて、最後にハーブを加える」という、まさにp008〜で紹介している基本のガパオが、私が思うガパオの「骨格」です。そして、「ガパオ炒め」という名の通り、「ハーブ」は欠かせないエッセンスだと思っています。

ただし、これを厳守しなければガパオではない、と考えているわけではありません。人によってもエッセンスとして大事にしているもの、代用として選ぶものは千差万別です。タイでも健康志向から油脂を抜いたガパオがあったり、唐辛子を抜いたガパオを食べたりしています（ともにp107参照）。つくり手や食べ手の数だけ「ガパオ」という概念が存在し、その違いが料理（表現）の違いとなって、世の中に万万千千のガパオが存在しているのではないかと考えます。

ガパオロジー

［これぞ日本のガパオ!?　シソの葉バター炒め］

　料理人、稲田俊輔さんの Tweet で、その存在を知った東海林さだおの「牛肉とシソの葉のバター炒め丼」。薄切り牛肉をバター焼きにして、しょうゆで味つけ、最後にたっぷりの青じそを加えて余熱で仕上げるというものです。

　「油脂で食材を炒め、塩分系調味料で味つけをして最後にハーブを加える」は、まさに私なりに解読したガパオの骨格とエッセンスを最小限に満たしている料理です。

　そこで気になって調べてみると、東海林さだおのエッセイ本『ショージ君の「料理大好き!」』（1981 年刊）や、『男たちの真剣おもしろ話』（椎名誠著、1983 年刊）での東海林さだおとの対談内、『全日本食えばわかる図鑑』（椎名誠著、1985 年刊）でも、この「牛肉とシソの葉のバター炒め丼」が登場。クックパッドや YouTube などで再現している人が多数います。

　『ショージ君の「料理大好き!」』では、牛肩ロース 150g、バター 3cm × 3cm、シソの葉 15 枚（三つ切り）というレシピでしたが、参考までに私が再現したレシピは以下の通り。

　バター 20 ｇをフライパンで熱し、バターが半分溶けたら牛薄切り肉 100g をさっと炒め、酒大さじ 1/2、醤油大さじ 1、化学調味料少々で味つけし、青じその葉 10 枚（半分にちぎる）と、追いバター 5 ｇを加えて火を止め、余熱で混ぜ合わせる。それを白いご飯の上にのせます。

　北海道のソウルフード、バター醤油ご飯にお肉を加えた豪華版のような感じですが、たっぷり入れた青じその爽やかな風味でご飯が進みます。もし、これに一味唐辛子でもかかっていたら、ほぼ完璧なガパオの骨格だったかもしれません。

［自由なタイ料理、その先の「ガパオ」へ］

　日本で外国料理をつくり、同じ味を再現するためには、本場の食材や調味料を用意しなければなりません。しかし時代や場所によって輸入が難しいなど、日本では入手困難なものもあります。飲食店で提供される料理、レトルトやコンビニなどの市販品の場合も、コストや工場生産ラインの関係で省略したり、代用品を使うこともあるでしょう。

　ガパオに関しても、青じそを使ったり、イタリア

▲東海林さだおの「牛肉とシソの葉のバター炒め丼」

バズりまくった「ガパオ+マヨネーズ」

2023年4月、Twitterで「まだタイ人は気付いて無いけど、ガッパオにマヨネーズかけると、めちゃくちゃ美味い。」とピーヨン（@Kazu75859867）さんがTweetすると、タイ人に多数RTされて盛り上がり、ものすごくバズった（5000件以上のRT）あげく、ついにタイのTV局である3チャンネルまでがこのTweetを紹介する展開に。「日本の人気キャラクター（のカマボコ）を炒めてやる！」「タイでは寿司にマヨをかけて食べてるよ」といった大喜利的コメントや「却下」「まずそう」という否定的なコメントと「すでにやっている」「真似してみたい」「ガパオサンドにマヨもおいしい」と好意的なコメントもあり賛否両論。お味はぜひご自分で試してみてください。

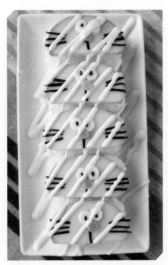

◀「日本の人気キャラクター（のカマボコ）寿司をマヨ攻めにしてやる！」とのタイの人からの応酬ツイートも（写真は著者による再現イメージ）。

ンバジルを使ったり、その昔は生唐辛子の変わりにレッドカレーペーストを使うなど、日本のガパオの歴史は、何で代用すれば本場の「ガパオ」に近づけるのか試行錯誤の歴史であったと思います。

一方で、タイでの「ガパオ」の歴史を探ると、中国の料理をガパオの葉で代用したものが始まりだったという説もあり、食材の代用こそが「ガパオ」を誕生させたのだと言える可能性もあります。つまり、単純に「代用＝悪」と考えるのではなく、新たな料理が生まれるチャンスでもあるととらえることも、できるのではないでしょうか。

例えば、タイではイエンタフォーというピンクスープ麺に入っている「ルークチン・ケ」（客家の団子）は、マレーシアやシンガポールで食べられているヨントーフという豆腐や野菜の間に肉や魚のあんを挟んだ料理と同じで客家由来のものですが、もともとは中国南部に移住した客家が、小麦粉が入手しにくいために餃子をイメージして皮の代わりに豆腐で似た料理を創作したのがルーツであるという説があります。

そもそも、料理というものは、すべて本場の食材、本場の調味料、本場のつくりかたを踏襲するべきなのでしょうか？

ガパオに限らず、どんな料理も時代の流れで新しい食材が加わったり、新しい味つけがブームになったり、健康志向で昔は入れていたものを省いたり、そして一周まわって復刻版が出たりと、姿形を次々と変えていきます。ガパオに関して言えば、日本の冷凍餃子がガパオになったり（p083）、ライスコロッケにしたり（p074）、宮廷ガパオが注目を浴びたり（p100、101）さまざまな「ガパオ」が登場しています。

タイと日本で、さらに世界のどこかで、多くの人々に愛され、さまざまな場面で食べられ、それゆえ日々変化し続ける料理。それが「ガパオ」なのです。

INDEX

※全ページにわたって頻出する「ガパオの葉」「ニンニク」「唐辛子」「ナンプラー」については p112〜の「調味料・ハーブ・スパイス・食材」のページ番号のみ記載しました。

参考文献

『世界の食文化と料理　タイ料理』ASIA BOOKS

『世界の食文化 (5) タイ』山田均、石毛直道 共著　農山漁村文化協会

『タイ家庭料理入門』うめ子ヌアラナント、安武律 共著　農山漁村文化協会

『家庭で楽しむ本格タイ料理 30』氏家昭子著　PARCO 出版

『旬の素材でタイ料理』竹下ワサナ著　文化出版局

『南国（タイ）の野菜たち』青澤直子著　ウィズモバイル

『THAI STREET FOOD』デビット・トンプソン著

パッタイの歴史 - 人工的に作られたタイの国民料理 - 歴ログ - 世界史専門ブログ
　　https://reki.hatenablog.com/entry/210308-Padthai-History

Cookpad
　　https://cookpad.com/th/home

wongnai
　　https://www.wongnai.com/

Starvingtime
　　https://www.facebook.com/Starvingtime

The Best Thai Restaurants In America
　　https://www.tastingtable.com/794588/the-best-thai-restaurants-in-america/

ニューヨーク シティのタイ料理 Tripadvisor
　　https://www.tripadvisor.jp/Restaurants-g60763-c39-New_York_City_New_York.html

Thai Restaurants in Berlin　Tripadvisor
　　https://www.tripadvisor.com/Restaurants-g187323-c39-Berlin.html

ピーヨン
　　https://twitter.com/Kazu75859867/status/1645298810292441090

ファミリーマートからタイ料理弁当「ガイパットガパオ」登場　◆毎日カレー◆と★タイ料理★ by エスニカン
　　http://blog.livedoor.jp/ma888tsu/archives/51000376.html

創作料理ガパオ丼 – スマイルデリ公式サイト
　　http://gapao-don.jp/

いばらきガパオ – 観光いばらき
　　https://www.ibarakiguide.jp/site/gaprao.html

「タイ料理の新星」〜タイ人が普段食べる料理を堪能できるお店〜（マッキー牧元）現代ビジネス
　　https://gendai.media/articles/-/39949

https://waymagazine.org/author/krit/
https://www.thairath.co.th/news/politic/372787
https://www.nationtv.tv/lifestyle/378845203
https://www.wordyguru.com/article/กะเพรา-กระเพรา-กะเพา
FB グループ「ชมรมคนรักผัดกะเพรา」（2023 年 4 月メンバー 55 万人、現在グループは閉鎖）

下関崇子（しもせき・たかこ）

タイ料理家。早稲田大学第一文学部卒。元プロキックボクサー＆ムエタイ選手。28 歳のときにダイエット目的でキックボクシングを始め、30 歳で後楽園デビュー。2000 年、ムエタイ修行のために渡タイ。充実したタイ屋台食生活を送り、タイ料理に目覚める。当時、ムエタイのトレーナーだったヨードと結婚し、出産後の 2006 年に帰国。パットファクトーン（かぼちゃの卵とじ）のような、バンコクの日常生活で食べていた普段着のタイ料理や、タイのコンビニやファストフードのメニュー、トムヤムプリッツのような市販品など、一般的なレシピ本には掲載されないであろう料理を含む多数のタイ料理を再現し、その 600 以上のレシピを『バンコク思い出ごはん〜食べたい！タイ料理 88 レシピ』『暮らして恋したバンコクごはん 〜タイ料理レシピコレクション』（ダコトウキョウ）『バンコク空想移住 〜365 日タイ料理 虎の巻レシピ』（Bangkok Shower）の 3 冊にまとめる。「All About 毎日のタイ料理」ガイド担当。日本エスニック協会アンバサダー。タイ・マレーシア・シンガポール・インドネシアの 4 カ国の料理にまつわる文化を紹介する「アジアごはんズ」のメンバー。2001 〜 2019 年の 18 年間、バンコクの老舗日本語情報誌『DACO』に「曼谷シャワー」を連載し、全 393 回のコラムを執筆。カルチャースクールではムエタイ講師もつとめている。上記以外の著書に『バンコク「そうざい屋台」食べつくし』（アスペクト）、プロキックボクサーとなりムエタイ修行までした顛末記『闘う女〜そんな私のこんな生き方』（徳間文庫）、『DACO』の連載をまとめた『曼谷シャワー』（平安工房）などがある。また、高野秀行対談集『放っておいても明日は来る─ 就職しないで生きる 9 つの方法』（本の雑誌社）に登壇者の一人として登場。

ガパオ　タイのおいしいハーブ炒め

กะเพรา อาหารไทยแสนอร่อยผัดสมุนไพร

2023 年 8 月 18 日　初版第 1 刷発行

著者　　　下関崇子

装幀　　　宮崎希沙（KISSA LLC）
カバー撮影　衛藤キヨコ
編集人　　ワダヨシ（ferment books）
協力　　　大塚美里、タイ料理サークル「アローム・ディー」、Ｎさん

発行者　　和田侑子（ferment books）
発行所　　ferment books
　　　　　〒 232-0035　神奈川県横浜市南区平楽 146-1-503
　　　　　電話：050-5471-0521
　　　　　Mail：info@fermentbooks.com

印刷所　　（株）シナノパブリッシングプレス

ISBN 978-4-9908637-2-2 C0077　Printed in Japan